王 磊

夸克书院◎著

市场部

建立超有力的企业『发动机』

中国铁道出版社有限公司
CHINA RAILWAY PUBLISHING HOUSE CO., LTD.

图书在版编目（CIP）数据

市场部：建立超有力的企业"发动机" / 王磊，著.
北京 ：中国铁道出版社有限公司, 2025. 6.（2025.8重印）
ISBN 978-7-113-32245-8

Ⅰ. F274

中国国家版本馆CIP数据核字第2025BL1553号

书　　名：**市场部——建立超有力的企业"发动机"**
SHICHANGBU：JIANLICHAOYOULIDEQIYE "FADONGJI"

作　　者：王　磊　夸克书院

策　　划：马慧君　王若妍　　编辑部电话：（010）51873064　　投稿邮箱：jingzhizhi@126.com

责任编辑：荆然子

封面设计：夸克书院　赵　兆

责任校对：刘　畅

责任印制：赵星辰

出版发行：中国铁道出版社有限公司（100054，北京市西城区右安门西街8号）

网　　址：https://www.tdpress.com

印　　刷：河北宝昌佳彩印刷有限公司

版　　次：2025年6月第1版　2025年8月第2次印刷

开　　本：710 mm×1 000 mm 1/16　印张：15.75　字数：245千

书　　号：ISBN 978-7-113-32245-8

定　　价：99.00元

序言

　　一百八十多年的经营，让宝洁公司成为名副其实的"品牌王国"，这个"王国"的版图中囊括了一百六十多个国家和地区的三百多个品牌，横跨家居护理、美发美容、婴儿护理、药品、健康护理、食品及饮料等多个领域。

　　因为有如此辉煌的成绩，宝洁公司被商界公推为全球"品牌管理西点军校"，在全世界范围内，都有"宝洁系"这样的概念。宝洁公司从一线员工到高层领导，甚至 CEO，一直都是猎头公司重要的目标，宝洁的管理方法和工作方式，是其他企业竞相效仿的榜样。甚至有人戏称："地球上只有两种成功人士——宝洁的人，其他的人。"

　　那么，宝洁培养出来的人才，到底有着怎样的特殊之处？会给企业带来哪些不同呢？作为一个出身宝洁的人，我想我有资格回答这个问题。

　　在宝洁，我从一个热爱生命科学的研究者转变为市场与管理的研究者，而对宝洁管理框架和企业文化的了解越深入，我越是深刻体会到宝洁的成功并非偶然，而是基于对某些核心规律的深入理解和应用。

　　离开宝洁后，我踏入了企业咨询领域。在与众多企业的交流中，我发现那些真正成功的企业，都是因为掌握了某些关键的规律，才能在风云变幻的市场中立于不败之地。而那些没有取得成功的企业，往往都将目光局限在追求短期业绩和快速回报之上，进而忽视了一些更加重要的东西，从而让企业在市场竞争中失去方向，甚至错失了更大的发展机会。我进而更深入地思考：企业进入竞争最应该关注的点到底是什么？

　　面对严酷的市场竞争，我们似乎习惯了给管理者渲染焦虑，狮子和羚羊的故事每一个企业人都了解。想要不被饿死，就要拼命奔跑，想要不被吃掉，也要拼命奔跑，只有跑得快的才能生存，跑得慢的就只能成为别人的猎物。所以，企业总是要时刻打起十二分精神的。

危机意识让企业不得不关注那些能立竿见影的竞争手段，然而企业却又应该将市场的眼光放长远。那么这二者是否矛盾呢？如果是矛盾的，那么到底谁是对的？这个问题困扰了我很久，而当我越发深入地研究企业的运营机制，答案开始在我眼前慢慢呈现出来了。

对于绝大多数企业而言，市场都是它们存在的根本，营销是它们拼杀的"主战场"，它们大部分的行为都是为了获得在市场份额上的优势，为了一个百分点而寸土必争。在为市场份额"作战"的企业中，我发现很多企业都十分焦虑，生怕自己被竞争对手取代，似乎今天丢掉了一点市场份额，明天就要被行业踢出局。然而我也发现，有一些企业却能做到从容不迫，它们对于竞争总是能够游刃有余应对，它们的市场份额总是拿得很稳，即便面对市场的突然变化，它们也总是能够镇定应对。

当然，从容不迫并不代表它们的效率低下，相反，它们总是能够很高效地完成各种营销活动，它们的产品规划、营销计划、人员安排、资源配置等总是那么合理，这让它们很少在错误的事项上浪费精力，也很少作出错误的选择。于是，我便开始认真观察它们是如何做到这一点的。

经过长时间的研究，我慢慢总结出一个规律：这些能够从容应对市场的企业，都能够阶段性地做好三方面的工作，即产品、发展策略和品牌管理。这三个方面对于企业赢得市场是至关重要的。

在认识到这一点之后，我并没有急着将这个发现整理成为理论，而是继续思考，这三个方面的任务是如何在企业内部被铺开的，或者说，是谁在承担着这三方面的任务。因此从管理学的角度，企业的每项工作都应该有一个属于它的工作体系，而管理咨询者的任务是找到这个体系并帮助企业完善它。我认为，如果我能够理清承担这三方面职责的组织结构，便能够梳理出一套管理方法，帮助更多的企业去解决现实问题——如何从容面对市场竞争。

对于研究这个问题，我有一个天然的优势，即出身于宝洁这样一个有着强大且完善的市场营销体系的企业，结合自身的从业经历，再思考面对的问题，我得出一个结论，即企业面对严酷的竞争，需要一个强大的职能部门去做好产品管理、策略管理和品牌管理的工作，而这个部门应该是市场部。

市场部有别于营销部、生产部或设计部等部门，是企业内部一个能够统观全局的部门。一个合格的市场部需要有建立在科学市场研究上的全面视角，需要了解企业内部各种资源，需要能够参与企业战略的制定和管理，当然也需要做到与时俱进。一个合格的市场部，就像一个装备齐全、训练有素、粮饷充足的军队，可以做到在面对战争时从容不迫。

于是，我觉得有义务向每个企业管理者强调市场部的重要性。但仅仅意识到它的重要还不够，企业管理者还需要了解如何让市场部发挥作用，以及如何构建一个具有强大战斗力的市场部，而这也就构成了本书的内容。

在本书中，先用两个章节讲述了市场部的诞生和市场部如何在企业运行中发挥作用。接下来的三个章节，讲解了市场部所要承担的三项职能——产品管理、策略管理和品牌管理，在这三个章节中，大家将会了解一家企业获得市场份额的关键要素。第六章讲述了市场部建设的关键——人才，解析了企业如何去寻找和培训市场部需要的人才。在第七章中，则简要地讲述了企业如何进行多品牌管理。最后，我又根据自己在咨询过程中遇到的各种来自企业管理者的问题进行了解答，这些问题具有一定的普遍性，相信我的答案能够帮助一些有着同样疑惑的朋友。

掌握了成功路径的成功企业，往往不愿意或没有精力将自己的成功方法分享给更多的管理者，而咨询师要做的，便是对成功企业的路径加以研究，揭开它们成功的奥秘，从而造福更多的企业。希望这本关于市场部管理的书籍能够让更多的企业读到，帮助企业提升获得市场份额的能力，让每家企业在面对竞争时都能够做到既将眼光放长远，又拥有时刻应对变化的能力。

王 磊

2025 年 3 月

目录

第一章

市场部缔造的营销优势

　　有的营销活动，看上去像是在进行一场设计好的战斗，有的营销活动则给人一种"无头苍蝇"般的混乱感，造成差异的一个重要原因是企业中有没有一个专业的部门指挥营销活动，这个部门就是市场部。

　　市场部不是伴随营销产生的，但营销活动进行到一定程度之后，一些需要从"形而上学"的角度理解的企业行为就会出现，这些行为统合到一起，由一个部门（现代化的组织）去承担，这个部门即便不被叫作市场部，其本质也是管理学上所说的市场部。

01

从认识市场
到了解市场部

创造顾客是企业的重要任务之一，市场部的作用不
仅是推广，更是帮助企业深入了解市场需求与竞争环境，
作出明智的战略决策。

市场是企业的生命线，不仅负责外部推广，更在战略决策中发挥重要作用，帮助企业洞察市场需求、分析竞争态势、制定营销策略和提升品牌影响力。

在探讨市场部的诞生之前，我们不妨先从一个比较特殊的角度来审视这一问题——军事战争中"总参谋部"的出现。在历史上，无论是古代战争，还是近现代战争，"总参谋部"的协调指挥都对战争的成败起到了决定性作用。关于设立"总参谋部"之事，我国古代军事家在兵书之中其实早有介绍。

凡举兵帅师，以将为命，命在通达，不守一术，因能受职，各取所长，随时变化，以为纲纪，故将有股肱羽翼七十二人，以应天道。备数如法，审知命理，殊能异技，万事毕矣。

——《六韬·龙韬·王翼》

这是姜子牙回答周武王问话的内容。在这段回答中，姜子牙虽然没有直接使用"总参谋部"这一表述，但其所描述的统帅部构成和功能却与近现代军事战争中的"总参谋部"极为相似。

姜子牙认为在率领军队时必须有"股肱羽翼"来提高军队的威力和效率，"股肱羽翼"应由七十二位成员组成，主要包括谋士、天文学家、地理学家、兵法家、后勤官员和医疗人员等，负责从作战指挥、宣传、情报活动到天文、通信、工程、医疗和后勤等多个方面的工作。

虽然早在商周时期姜子牙便对"总参谋部"的职能和组成作出了详细论述，但在之后的古代战争中，却几乎没有出现过"总参谋部"这一部门。这并不是因为"总参谋部"不好，只是因为古代战争对"总参谋部"的需求程度并没有那么高。

一、战争的发展呼吁总参谋部的诞生

在古代战争中，对阵双方的兵种配置、战术安排都相对简单。在军师的辅佐下，将军一个人便可以统筹协调整个军队的行动，无论是指挥步兵列阵，还是指挥骑兵冲锋，都可以轻松应对。在这种情况下，显然没有"总参谋部"的用武之地。

随着时代的发展，军事战争开始逐渐向着更加精细化和专业化的方向发展，火器、通信、航空等先进技术的应用，使得战争不再仅仅依赖于单纯的人力对抗，而是转向了以精确战术规划、兵力调动和资源分配为核心的综合实力的较量。这种变化要求士兵和指挥官接受更专业化的训练，同时也使得军队结构变得更加复杂，多兵种、多部门协同作战，成为近现代战争的标准模式。在这诸多变化下，"总参谋部"从理论变成了现实。

17 世纪中期，普鲁士开始在军队中设立"军需总监部"，这一部门不仅负责军队的后勤供应，还对战略规划、人员培训和军事情报等方面工作负责。这种集中化的指挥系统让普鲁士军队在战略决策上更加高效、精准，这一部门也被认为是"总参谋部"的雏形。

19 世纪中后期到 20 世纪初，奥匈帝国、法国等国先后建立了总参谋部或其他类似机构。在两次世界大战期间，随着军队规模的剧增和军事装备的重大发展，战争的样式和复杂性发生了显著变化。这些变化导致军队指挥的难度大幅增加，因此，总参谋部的角色和功能也得到了显著的发展和强化。

在第一次世界大战期间，总参谋部成为作战指挥的核心机构。它负责搜集和分析情报，拟制和实施作战计划，以及领导战备后勤工作等重要事宜。到了第二次世界大战，战场的空前扩大和作战形式的多样性，以及诸军种联合作战的需要，使得指挥协调变得更加复杂。这促使参战国的总参谋部进一步完善和发展其组织结构和运作方式。总参谋部在这一时期不仅要处理传统的战略和战术问题，还要协调不同军种之间的联合行动，确保各部队间的有效合作。

可以看出，近现代军事战争中"总参谋部"的出现多少有些"时势造英雄"的意味，是时代的发展、战场形势的变化，让"总参谋部"从理论变成了现实。反过

来说，也正是"总参谋部"具有解决新的战争问题的手段、方法和能力，所以它才会应运而生的。这一点不仅在战场之中适用，在商场之中也同样如此。

商场如战场，很多战场上的理论方法在商业之中也同样适用，相应的，战场上的资源配置在某些方面也与商业之中的组织架构设置有很多相似之处。军队中的总参谋部便与企业中的市场部在结构和功能上有着惊人的相似之处：**总参谋部是军事行动的智囊团，市场部在商业运作中也起到了类似的作用，负责市场研究、策略制定和品牌推广。**

二、营销的发展呼唤市场部的诞生

在现代营销中，市场部不仅是企业中专门负责市场研究、市场策略制定和执行、品牌规划与建设的部门，还是连接企业与市场的关键桥梁。**它的核心职能是通过深入理解市场和消费者需求，制定有效的市场策略，统筹协调企业内部其他部门，以实现企业销售目标和品牌价值的提升。**

市场部的存在不仅使得企业能够高效应对外部环境的变化，还显著提升了企业在行业领域内的竞争力，是现代营销体系中的重要一环。现代营销体系的演进是一个漫长的过程，经历了许多不同的阶段，在这一过程中，市场部在现代营销体系中的作用也越来越明显。

1. 一维营销体系——以销售为核心

最初的一维营销，核心思想非常简单：纯粹依靠销售来创造利润，也就是说，销售本身就是营销的全部。在这一阶段，企业的主要目标是通过直接销售产品或服务来实现利润的最大化。营销活动在本质上等同于销售活动，强调的是如何将产品或服务直接卖给消费者，重视短期销售成果而非品牌建设或消费者关系的长期发展。

很显然，这种营销注重的是交易的数量和速度，追求的是销售额和市场占有率。大多数企业认为做好了销售就是做好了营销，于是把主要精力都倾注于销售端，而没有考虑过建设专业的市场部。在这一阶段，市场部还没有找到自己的"用武之地"。

2. 二维营销体系——销售 + 广告模式

随着时间的推移，一维营销体系逐渐被更加全面和多元化的营销策略所替代，现代营销体系也发展到了二维阶段。在这一阶段，广告和推广的重要性开始显现，营销不再仅仅是销售，而是将销售和广告推广结合起来，通过广泛传播提高产品知名度，吸引更多顾客。

在二维营销体系中，除了销售本身，企业开始投入资源于广告宣传和市场推广活动。广告在这一阶段扮演了重要角色，不仅帮助企业传达产品信息，还有助于企业品牌形象的塑造。此外，市场研究也成为这一阶段的一项重要工作，不少企业开始关注市场趋势、消费者需求和竞争对手的动态，以便更好地定位自己的产品和广告策略。

总体来说，二维营销是对一维销售导向模式的重要发展。它不仅关注产品的销售，还重视通过广告和推广来增加销售量，同时还通过市场研究来优化营销策略。在这一阶段，市场部的作用开始显现出来，单一的销售部并不足以完成推广宣传工作，许多企业开始在内部设置"推广部""营销部"来完成更为复杂的营销工作。不过，在这一阶段中，不少企业依然没有意识到建设专业市场部的必要性。

3. 三维营销体系——全面立体营销模式

三维营销体系是在二维营销基础上，将更多内容纳入营销范畴，其不再仅限于销售和广告推广，而是涵盖了销售、推广、产品管理、品牌建设等多个方面，形成了一个立体、综合的营销体系。这一阶段的营销更注重长期战略，关注品牌建设和客户关系管理，以及整体市场环境的适应和创新。

在三维营销中，产品的质量和创新成为核心内容。企业开始关注如何通过提高产品质量和满足消费者需求来增强市场竞争力。企业还需要不断调研市场，了解消费者的偏好和需求，从而设计和改良产品。

品牌建设也是三维营销的一个重要组成部分。企业投入资源和精力来塑造品牌形象和提升品牌知名度，通过品牌传达企业的价值观和文化，建立与消费者的情感联系。在这一阶段，品牌不仅是产品的标识，更是质量、信誉和生活方式的象征。

此外，三维营销还强调策略制定的重要性。企业通过制订具体的工作计划，统筹全年工作，将长远的战略目标分解为具体的、可执行的工作项目。这种策略制定不仅涵盖市场调研和目标设定，还包括对资源的有效分配、关键项目的优先级排序以及风险管理。这样的策略制定使得企业能够更灵活地应对市场变化，同时保持长期发展的稳定性和持续性。

总体而言，三维营销体系代表了现代营销思想的深层次发展。它不仅注重销售和推广，更关注产品本身的质量和创新、品牌的长期建设以及策略计划的编制。这种全面的营销体系有助于企业在激烈的市场竞争中脱颖而出，实现持续发展。

从一维营销聚焦于销售，到三维营销的立体营销模式，现代营销体系的内涵不断丰富，体系也越来越复杂。这也意味着企业的营销工作变得越来越复杂，企业需要在内部建设一个专业的市场部，来统筹协调其他部门，共同完成营销工作。

在现代企业中，市场部的作用不限于推动销售和增加利润，更关键的是它在塑造企业品牌、理解和引导市场趋势、制订计划与规划战略等方面发挥的至关重要的作用。因此，专业市场部的建设也成了企业适应市场变化、实现长期发展的关键一步。

总体来说，企业中的市场部就像军事战争中的"总参谋部"，是企业这台机器正常运转的"发动机"。它的产生是现代营销体系发展的必然结果，它的发展也与现代营销体系的发展演进息息相关。未来一段时间内，随着现代营销体系的进一步完善，市场部在企业中的作用也将愈发重要、愈发突出。

02

没有市场部的企业

成功的企业知道，无论是否有专门的市场团队，对市场分析、品牌建设以及客户需求的洞察都是成功的关键。没有这些能力，企业就无法在竞争激烈的环境中生存。

营销的发展呼吁市场部的诞生，这是时代发展的必然趋势，也是商业市场竞争的结果使然。在现代营销体系中，市场部的地位至关重要，但在当前的商业市场中，依然有很多企业没有市场部。

佛山有一家专注于饮料生产的企业，这两年遭遇了激烈的市场竞争，产品销量下滑得很厉害，在广东地区几乎失去了立足之地。为了求得生存，它把业务拓展到了外省，但不到半年时间，当地的同品类品牌也开始崛起，该企业的产品销量又开始逐月下降。

面对突如其来的市场困境，这家企业决定开发新产品来保住自身命脉。企业看到保健饮料似乎有着不错的市场前景，于是投入了近100万元，引进了新的配套设备，试产了一种植物型保健饮料。然而，投放市场不到一个月，便发现产品销售异常困难，消费者对这款保健饮料根本不买账。

此刻，这家企业陷入了两难的境地：已经投入了大量的资金和资源，难道要就此放弃？于是，企业决定继续推广，投入了更多的人力和财力去做广告宣传，期望能够借此改变销售状况。然而，不论如何努力，销售额仍然没有明显改善，反而使得企业在市场推广上投入了更多的资源，最终却不得不面对一个残酷的事实：如果再这样在错误的道路上狂奔，企业很快就会走到尽头。

这家企业没有设立专门的市场部，开发新产品的决策是由销售部来做的。在这里，销售部其实承担了市场部的工作，只不过这些工作没有做到位，最终导致了新产品开发的失败。

仔细分析可以看出，这家企业失败的原因主要是缺乏完善的新产品开发流程体系，以至于在新产品研发上出现了问题。这之后，在面临销售困境时，这家企业又将人力与财力集中在市场推广端，试图改变销售困境，最终事与愿违。在当前我国的商业市场中，这样的情况并非个例，很多企业因为没有设立专业的市场部，进而在市场竞争中走弯路、走错路。

市场部地位不高，或者根本没有，是当前国内企业尤其是中小企业存在的首要问题。这些企业没有建设专业市场部的原因主要有以下几点：

一、十几年前国内市场竞争不激烈，不少企业没有建设专业市场部的意识

很多企业，尤其是中小企业，缺乏建立专业市场部的意识，这在很大程度上取决于企业领导者对于营销本质的理解。过去，许多企业依靠模仿或跟随市场上的成功案例来实现增长，这种做法在市场竞争不太激烈的时期可能会取得一定的成功。但当市场竞争变得激烈时，简单的模仿和跟随便无法再满足企业的发展需求。

在经济发展迅速、市场机会丰富的时期，企业更关注于立即可见的收益，忽视了营销管理和品牌建设的重要性。然而，随着市场竞争的加剧，原有的经营模式已经难以为继，这时企业才开始寻求转变。

一些企业领导者觉得，他们的企业规模太小，不适合建立市场部，认为这是大企业的做法。实际上，正是通过在企业发展初期就注重市场部的建设，企业才有可能实现长期和稳定的发展。每一个最终取得成功的企业，都是在其发展早期阶段就正确处理了市场营销这一关键环节。**没有专业的市场部，企业很难在广阔的市场中找到自己的定位和优势，也难以复制和扩大成功的经验。**因此，从意识层面进行转变，认识到市场部对企业成长的核心作用，对于中小企业的老板来说，是实现企业发展的重要一步。

二、不少企业依然在卖产品，而不是立品牌，认为销售部就是市场部

在过去的数十年里，不少国内企业尤其是中小企业，其营销管理思想并没有跟上市场发展的步伐，仍停留在以产品销售为中心的阶段。这些企业往往还缺乏长远的战略规划，没有将品牌视为一种长期资产来进行投资和管理。它们没有意识到品

牌建设涉及市场调研、品牌定位、品牌传播、消费者关系管理等多个方面，需要跨部门的协作，也正因如此，很多企业将销售部与市场部视为同等职能的部门，认为销售部就是市场部。

事实上，**销售部与市场部是完全不同的两个部门，销售部是一个一个去维系客户，而市场部则是一片一片去寻找客户，二者间的差异显而易见**。在一家企业的组织架构中，市场部和销售部应该是并列的一级部门，市场部主要负责市场研究、定位、品牌建设和市场策略的制定，而销售部则更侧重于实现销售目标和客户关系的维护。将市场和销售混为一谈，忽视市场部的重要性，没有为市场研究和策略制定提供充足的资源和支持，最终只会让企业走上错误的道路，在错误的方向上走向失败。

三、一些中小企业市场竞争力不强，没有足够预算建设专业市场部

一些中小企业竞争力不强，日常运营的成本和生产的投入已经占据了大部分的财务资源，留给市场推广和品牌建设的预算相对较少。在这样的财务压力下，这些企业往往会优先保证生产运营的正常进行，而将专业市场部建设视为一种较为奢侈的"投资"。

许多中小企业认为，建立专业市场部要投入额外的资金和人力资源，这对于正处于初创或发展阶段，资金和人力资源都有限的它们来说，并非头等要事，将有限的资源投入生产、销售等更为紧急的领域，才是对企业发展更有利的选择。这种想法虽不能说完全错误，但太过局限于眼下，没有考虑长远的未来，能取得一时之利，但等到真正的危机到来时，再想着建设市场部，就为时已晚了。在当前快速变化的市场环境中，没有专业的市场部，企业很难抓住市场机遇、应对竞争挑战，最终会影响到企业的长期发展。

四、一些企业有建设市场部的意愿，却没有专业的市场人才

尽管一些企业认识到了建设专业市场部的重要性，并有着明确的建设意愿，却面临着另一个不好解决的痛点——缺乏专业的市场人才。这种情况在中小企业中尤为普遍，其根本原因在于市场人才的吸引和保留问题。

专业的市场人才往往对企业的品牌、文化、发展潜力等有较高的要求，中小企业在这些方面显然没有大型企业那样吸引人。同时，由于资源限制，这些企业提供的薪酬和职业发展机会也无法与大型企业竞争，这便使得它们难以吸引到具有高级市场策略制定和执行能力的专业人才。

即便企业能够吸引到一些市场人才，由于缺乏成熟的市场部运作经验和专业培训体系，这些人才也可能无法充分发挥其专业能力。市场部的工作涉及各方面内容，需要相关人员不断丰富、提升自身的专业素养，没有系统的培训和实践机会，也很难留住人才。

正是上述因素导致一些企业虽然有建设市场部的意愿，但缺乏专业的市场人才及相关的配套系统，使得这一愿望难以实现。这不仅限制了市场部的建设和发展，也影响了企业整体的市场竞争力和长期发展潜力。

上面提到的这些情况，是我在多年企业管理咨询中反复遇到的，也是导致企业建设专业市场部意愿不强的主要原因。在即将迎来更加激烈的国际竞争的当下，企业生存的难度恐怕会呈指数性上升，一家企业想要长久保持竞争力，就必须要比别人先想一步、先走一步。建设专业市场部，就是企业必须要迈出的一步，谁走好了这一步，谁就会在未来的竞争中占得先机。

03

有市场部与无市场部对比

市场营销不是一次性的事件，而是一项持续的战略。一个强大的市场部门能够确保企业在营销方面的长期成功，而不仅仅是短期的成功。

市场部是企业最前端的部门，肩负着生成总体战略规划的重任。在现代营销体系中，其也发挥着至关重要的作用。详细介绍市场部的具体作用之前，可以通过企业营销系统总图（图 1.1），来看一看市场部在整个企业营销体系中的位置，这对于理解其存在的价值和意义，是很有帮助的。

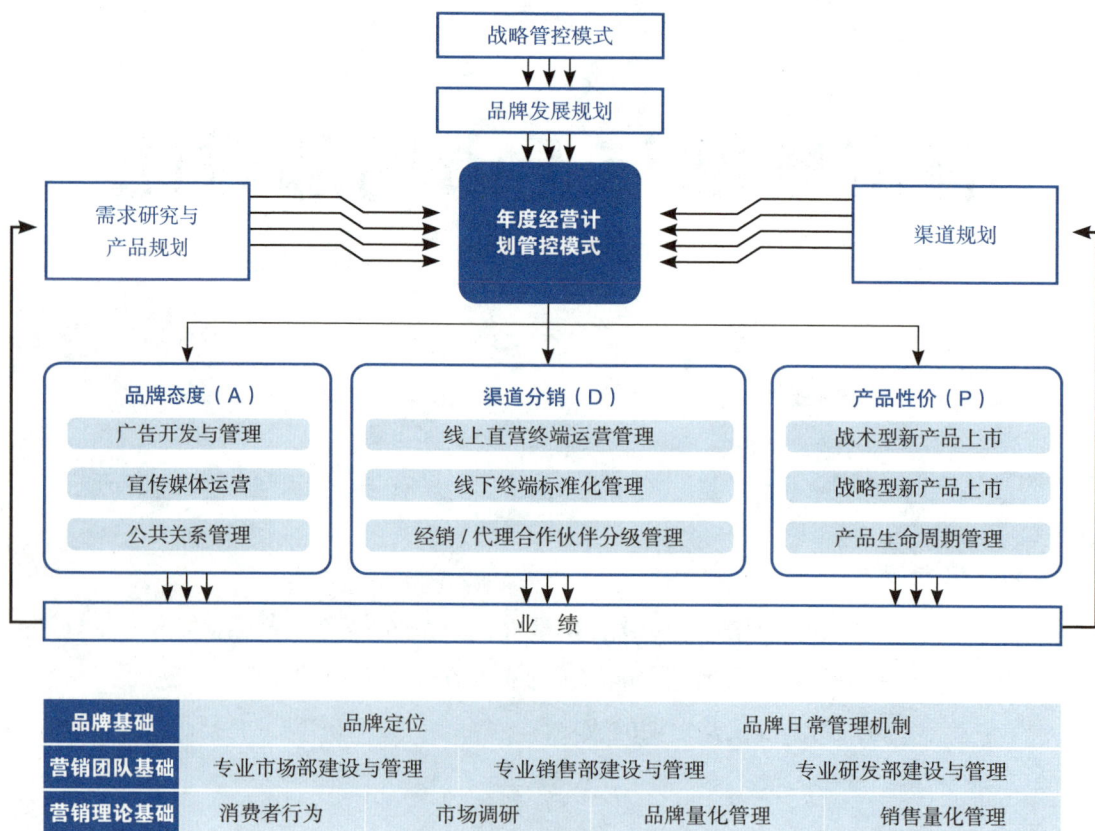

```
                        ┌──────────────┐
                        │  战略管控模式  │
                        └──────────────┘
                               ↓↓↓
                        ┌──────────────┐
                        │  品牌发展规划  │
                        └──────────────┘
                               ↓↓↓
┌──────────────┐        ┌──────────────┐        ┌──────────────┐
│  需求研究与   │ →→→→   │  年度经营计   │  ←←←←  │   渠道规划    │
│   产品规划    │        │  划管控模式   │        │              │
└──────────────┘        └──────────────┘        └──────────────┘
```

品牌态度（A）	渠道分销（D）	产品性价（P）
广告开发与管理	线上直营终端运营管理	战术型新产品上市
宣传媒体运营	线下终端标准化管理	战略型新产品上市
公共关系管理	经销/代理合作伙伴分级管理	产品生命周期管理

业　绩

品牌基础	品牌定位		品牌日常管理机制	
营销团队基础	专业市场部建设与管理	专业销售部建设与管理		专业研发部建设与管理
营销理论基础	消费者行为	市场调研	品牌量化管理	销售量化管理

图 1.1　企业营销系统总图

图 1.1 详尽地展示了营销在实际工作中涉及的七个核心要素，即品牌发展规划、

需求研究与产品规划、渠道规划、年度经营计划管控模式、品牌态度、渠道分销和产品性价，以及营销理论基础、营销团队基础和品牌基础这三大类基础工作。

接下来，将更详细地分析这张图中的七个核心要素和三大基础工作，以便帮助大家更深入地理解现代营销的整体结构，以及市场部在其中扮演的重要角色。

一、现代营销的三大核心工作规划

在现代营销领域，企业想要发展壮大需要做好品牌、产品与渠道三方面的核心工作规划。一家企业营销工作的成果，往往是通过其品牌资产的增长来衡量的，这就决定了品牌发展规划在整个营销工作中的重要地位。

1. 品牌发展规划

所谓品牌发展规划，其实就是品牌经营的战略规划，也是在一段时期内企业品牌经营的基本纲领。具体来说，就是企业为某个品牌或某些品牌确定品牌定位，确定长期品牌建设目标和品牌建设总体工作计划的过程。在品牌发展规划的指导和约束下，通过整合资源协同驱动，企业便可以实现品牌资产增值。

在企业中，品牌发展规划属于二级战略，因此，其必须服从于企业战略规划这个一级战略。在单品牌企业中，较少会出现这两者冲突的情况，但在多品牌企业中，单品牌发展拖累企业发展的情况却十分常见。

宝洁公司在寻求多品牌发展的道路上，除了广泛收购那些高品牌价值的企业外，还会频繁卖出那些利润率低、品牌溢价率低的企业，其目的就是防止宝洁公司总体的品牌溢价率被拉低。这种"壮士断腕"式的战略决策，看似会让企业尽显"疲态"，实际上却是企业向前冲刺的信号。

表 1.1　品牌发展规划示例（节选）

阶段目标 （goal）	执行策略 （strategy）	评估标准 （measurement）
第一阶段：战略准备阶段（202×—202×年）		
成为中国前五名快餐品牌	1.建立以品牌为核心的公司管理体系	1.总销售额； 2.总利润率； 3.平均单店销售额
	2.在现有强势市场上进行品牌建设与强化	
	3.对于未开拓市场完成以品牌为核心的全国性网络战略布局	
	4.部门业务策略：进行以品牌为核心的全国性网络战略布局	
	5.对于不同区域制定不同的网络拓展策略	
	6.202×年，建立短视频营销宣传机制，制作不少于三个成功案例并进行投放	
	7.202×年，建立客户分级管理流程，按级别定期开展CPM活动，并建立客户拜访机制	

表 1.1 所展示的便是 OGSM 模型指导下的品牌发展规划。OGSM 是由目的（objective）、阶段目标（goal）、执行策略、（strategy）、评估标准（measurement）的英文首字母组成。当前市场上，有一些企业在打造品牌时，不讲科学方法，而是喜欢根据直觉判断去做规划。最终不仅没能成功打造出新的品牌，反而还影响了企业的总体发展。想要避免这一问题，就要用科学的方法来制定品牌发展规划。

2. 需求研究与产品规划

在现代营销体系中，与品牌发展规划同样重要的就是需求研究与产品规划。这一环节的核心在于深入理解市场需求，并基于此洞察开发或优化产品，完成新产品上市，确保企业的产品线与市场需求保持一致，从而提高产品的市场接受度和竞争力。

在需求研究与产品规划中，好产品的诞生需要经历三个核心步骤，即需求研究、产品规划和新产品上市。

需求研究是产品规划不可或缺的前提，主要是对消费者的行为、偏好、需求变化等方面进行调查和研究。通过有效的需求研究，企业能够准确把握市场脉动，识别潜在的商机或需求空白，为后续的产品规划和新产品上市提供科学的依据。

产品规划则是基于需求研究结果，结合企业自身的资源和能力，制订一个一年甚至更长时间的产品开发计划。其是指产品规划人员通过调查研究，制定出可以把握市场机会，满足消费者需要的产品以及实施该远景目标的战略、战术的过程。这一过程要求企业不仅要有敏锐的市场洞察力，还需要具备强大的产品开发能力。

表 1.2 产品规划示例：洗护品牌产品规划表

类型	2019年					
	1—2月	3—4月	5—6月	7—8月	9—10月	11—12月
战术型新产品（基于重要需求）	解决差旅携带便携性问题		洗发水颜色必须是透明的		必须具有清新的香气	
		解决家庭不需要经常更换的问题		绝对可以一周洗一次头		彻底解决头发毛燥问题
战略型新产品（基于重要需求）	必须是泡沫型性质的洗发水			洗发水绝对不含刺激性成分		
产品管理（基于不重要、已满足需求）			整理产品：减少产品规格，删除部分产品的功能			整理产品：减少产品规格，删除部分产品的功能
类型	2020年					
	1—2月	3—4月	5—6月	7—8月	9—10月	11—12月
战术型新产品（基于重要需求）	彻底解决去屑问题		洗发水包装必须是卡通风格		焗油膏必须在常温下也能实现焗油效果	
		洗发水包装必须可以用尽最后一滴		洗发水包装必须是高档奢华的风格		洗发水必须能够个人定制包装图案
战略型新产品（基于重要需求）	必须是泡沫型性质的洗发水			洗发水绝对不含刺激性成分		
产品管理（基于不重要、已满足需求）			整理产品：减少产品规格，删除部分产品的功能			整理产品：减少产品规格，删除部分产品的功能

表 1.2 便是一款洗护品牌的产品规划表，可以看到其正是从一个个需求出发，所制订的一个完整的产品开发计划。当产品规划制定好之后，企业便可以按照规划，让产品小组以项目管理的方法，一个项目一个项目地推进新产品上市。

新产品上市是新产品的研究开发与早期上市推广的联合体，是将一款新产品从开始的策划，一直到将它推到市场上的过程。企业想要保持健康发展，不断开发新产品是很有必要的。新产品上市不仅能为企业带来销售方面的增长和成本方面的降低，而且还能促进企业的系统优化，帮助企业完成"新陈代谢"的过程。

3. 渠道规划

渠道规划在现代营销体系中同样占据着至关重要的位置，一个完善的渠道规划能够确保企业的产品通过最合适的渠道在正确的时间和地点用于目标消费者。

产品何时通过何种渠道高效、有效地到达目标消费者，便是渠道规划要解决的问题。企业需要通过具体的调研活动，确定目标市场和目标客户的具体情况，比如目标客户的人数多少、分布密度如何，进而通过自身产品服务的购买半径，来制定渠道规划。

举例来说，一家销售豪华汽车的企业，其目标市场主要集中在一线城市，目标客户更多为高净值人群，这类人群在一线城市中分布得较为集中，一般在高档住宅区和大型写字楼周边。由于汽车这类产品的购买半径较长，客户为了购买此类产品，通常也愿意去到更远的地方。因此，综合这些因素，企业可以确定在某一线城市中搭建销售渠道的数量，并根据自身情况，来确定搭建这些销售渠道的具体时间，从而完成渠道规划的制定。

有效的渠道规划能够增强企业的市场覆盖率，提高产品的市场渗透率，帮助企业捕捉更多的销售机会，从而在竞争激烈的市场环境中占据有利地位，实现可持续发展。

从上面的介绍也可以看出，品牌、产品和渠道三方面的规划，并非单一的销售部或产品部便能搞定的工作，而是需要更为专业的市场部来主导、推进相关工作。关于市场部在其中的作用，在后面部分再进行介绍，接下来接着来看现代营销整体结构示意图中的另一项核心要素——年度经营计划管控模式。

二、现代营销工作的落地——年度经营计划管控模式

制定完品牌、产品和渠道三方面的规划后，想要让这些规划顺利落地，需要依

靠年度经营计划管控模式，将这些规划分解为具体的项目。

年度经营计划是企业为实现其长期战略目标而制订的一年内的具体行动计划，它详细列出了企业在接下来的一年中预计要完成的各个项目、目标和预算。

图 1.2 展示了市场部通过需求研究，将企业年度目标分解为不同的目标与需求，而后这些具体需求会传递到企业内部各部门，并由各部门完成具体的立项工作。每个项目都有专门的负责人，在负责人的领导下，各项目将按照既定目标与流程顺利执行，进而确保计划从策略转化为实际行动。

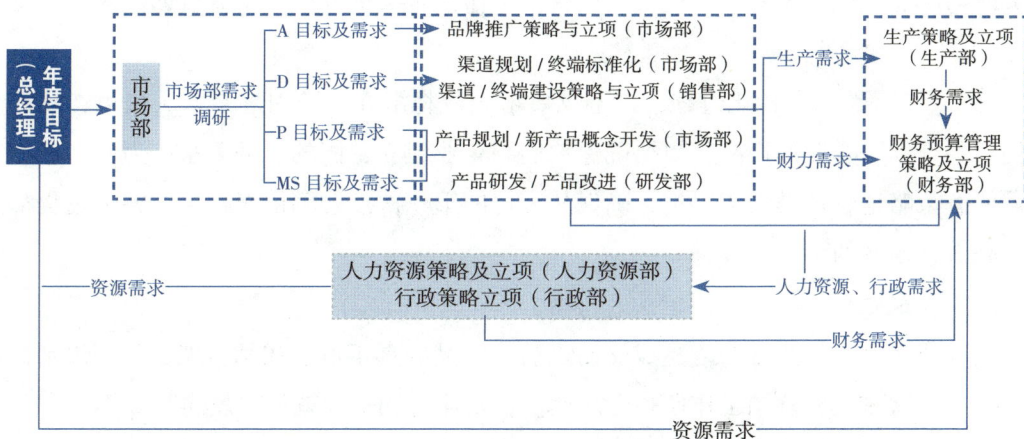

图 1.2　年度计划需求传递

在现代营销工作中，制订年度经营计划，就是为了确保企业的营销策略能够得到有效执行，确保品牌、产品、渠道规划中的设想能够一步步变为现实。没有具体、明确的年度经营计划，品牌发展规划中的所有想法都只是空中楼阁。

通过年度经营计划管控模式，企业在品牌、产品和渠道三方面的规划，会被分解为三类具体的营销工作，即品牌态度、渠道分销和产品性价。做好这三大类营销工作，是企业推进品牌、产品和渠道规划顺利落地的重要一步。

1. 品牌态度

品牌态度指的是品牌的吸引力，用流行词汇来说就是"引流"，这是现代营销的第一大类工作，也是企业之中与品牌发展规划相关联的一类项目。无论你是一家制造类企业，还是一家服务类企业，第一大任务都是吸引潜在客户的目光，使他们对你的企业或你的产品、服务产生兴趣。

当然，"产生兴趣"只是第一步，真正目标是吸引他们，然后通过其他营销策略和方法，如产品的质量、服务等，让他们"愿意买"产品。因此在立项过程中，要确立一些这一类型的项目，比如广告开发与管理、宣传媒体运营、公共关系管理等。

2. 渠道分销

在客户被成功吸引到企业或品牌后，接下来的重要工作就是促使他们进行购买或与企业达成业务关系。这一大类营销工作便是渠道分销，用流行词汇来说就是"成交"。

"成交"是一个转化过程，这不仅要求企业将潜在客户引导至购买决策，让他们"买得到"企业的产品，更要确保他们与企业建立稳固的业务关系。为此，企业需要有策略地管理其销售渠道，确保从客户的第一次接触到最终购买的整个过程都是高效、顺畅的。

3. 产品性价

在成功吸引客户并与之达成交易之后，产品的真正价值和品质现在起到决定性的作用。这一大类营销工作便是产品性价，用流行词来说就是"复购"。

当消费者购买并使用产品后，他们的体验决定了与品牌的未来关系。如果产品满足了他们的期望并为他们带来了价值，他们便可能会考虑再次购买或与企业建立长期合作关系。产品的设计、功能、使用便利性以及与其相关的服务都是决定消费者是否会成为忠诚客户的关键因素。基于此，企业需要将研究与产品规划中的内容分解确立为具体的项目，如战术型新产品上市、战略型新产品上市或产品生命周期管理等。

上面提到的三大类工作是营销的基石，每家企业每一年度的营销工作都要在这三大类工作之间进行有机组合。在品牌、产品和渠道规划的指导下，企业需要通过年度经营计划管控模式将这些工作分解为不同的项目，并为每个项目制定明确的目标和实施策略。随着这些项目的推进，企业的各项业绩指标也会得到相应提升。而当这些提升转化为真实的销售额和利润时，企业的业绩水平便会随之提高。

4. 年度营销工作的循环

随着业绩的产生，企业要深入思考产品的未来：当年的产品表现如何？下一年是否需要进行产品优化或是推出新产品？为了回答这些问题，企业需要再次进行需求研究，探索市场的最新趋势，了解消费者的新需求。基于这些研究，企业才能制定出新的产品规划，并在新的年度中推进新产品上市，整个过程便是对产品线的管理。

除了产品，企业还需要考虑销售渠道的策略：当前的销售区域是否满足企业的增长需求？是否需要进入新的市场或区域？通过这些考量，企业需要对渠道规划进行调整，并在下一年度中推进，以促进企业业绩的增长。

结合产品线和渠道线的规划，企业会得到一个完整的营销工作循环。在品牌发展规划、产品规划和渠道规划的共同指导下，企业会制订下一年度的经营计划，生成新的项目。

三、现代营销工作的基础

想要让企业的年度营销工作能够不断循环下去，企业还需要做好一些基础工作。就好像高耸入云的摩天大楼，需要一层层地打好地基一样，开展年度营销工作也需要先做好营销理论、营销团队和品牌三个方面的基础工作。

1. 营销理论基础

成功的营销工作依赖于深厚的理论基础来指导和支撑，这些理论不仅能帮助企业更好地理解市场和消费者，更可以为企业提供行动的准则和评估的标准。以下就是构建营销策略时不可或缺的四大理论基石：

消费者行为学理论：这部分理论探索消费者如何作出购买决策，以及影响他们决策的各种因素。理解消费者的心理和行为模式，对于制定有效的营销策略至关重要。

市场调研理论：市场调研为企业提供了关于市场、消费者和竞争对手的宝贵信息。掌握正确的市场调研方法，能让企业更加准确地捕捉市场机会。

品牌管理理论：品牌不仅仅是一个名字或标志，它代表了消费者对企业和产品的感知和期望。品牌管理理论提供了一套框架和工具，帮助企业建立、维护和加强品牌价值。

销售管理理论：销售是将品牌承诺转化为实际利润的关键环节。销售管理理论关注如何更高效地管理销售团队，提高销售业绩。

这些理论提供了判断对错的标准，帮助企业在复杂的市场环境中正确决策。比如，要判断一个产品的优劣，就需要有一套明确的评估标准，这套标准往往来源于这些营销理论。因此，为了确保营销活动的成功，企业必须确保其策略是建立在坚实的理论基础上的。

2. 营销团队基础

打好营销理论基础后，为了进一步确保营销工作的高效执行，企业还需要组建一个专业、有经验且高效的团队。

专业的市场部：市场部是企业中的重要部门，其核心使命是通过有效地制定和执行策略规划来提高产品管理、信息管理以及品牌推广能力，从而提升品牌价值。除此之外，市场部还要在售后服务和客户支持等方面发挥作用。

理想状态下，市场部在企业中扮演着规划者的角色，通过市场调研与分析，寻找市场机会，然后为销售部提供行动指导。如果没有市场部的存在，或者市场部未能有效地执行其定位和策略规划职能，销售部在进行销售活动时就会遇到许多困难和挑战。因此，组建专业的市场部对于企业开展营销工作具有至关重要的意义。

专业的销售部：是企业与客户直接互动的前线，其主要使命是通过精心规划和管理销售终端布局，实现品牌终端的全面覆盖，优化终端表现，确保消费者能够方便地购买到产品。

销售部的工作不局限于销售产品，更关键的在于打通和维护销售渠道，确保产品从生产线到消费者手中的每个环节都畅通无阻。除此之外，销售部还需要与市场部密切协作，根据市场反馈来调整销售策略和终端布局，以不断优化销售绩效和顾客体验。

专业的研发部：主要使命是响应市场部提出的需求和策略，高效地进行新产品开发、产品改善以及技术优化等工作。其核心职能是通过技术创新和改进，不断提高产品的性价比，确保企业的产品不仅在技术上领先，同时在价格上具有竞争力，从而为企业带来可观的收益和市场份额。

在营销的实际操作中，团队的组织和建设是成功的关键。任何优秀的策略或想法，如果没有一个有效的执行团队，都难以实现其预期效果。因此，确保拥有专业且高效的团队是每个企业的重要任务。

3. 品牌基础

品牌基础在现代营销中占据着至关重要的地位。在开始进行各种营销活动之前，有两项核心的思想准备工作需要首先完成，它们为整个营销策略提供了指导和方向。

（1）品牌定位

品牌是企业对消费者的一整套承诺，也是一种精神价值的载体，其坚守的是精神价值，而不是产品。发现并坚守正确的品牌精神价值，便是品牌定位的本质。

从广义层面来说，品牌定位是包括确定品牌名称、VI（视觉识别系统）体系、品牌精神价值与四大联想（价值联想、品类联想、品质联想、利益联想）的一整套工作方法及结果；而从狭义层面来说，品牌定位则是阐述品牌针对的目标群体及所承载的精神价值的一整套工作方法。

在开始制定品牌发展规划之前，必须首先清晰地确定品牌的定位。因为这个定位决定了规划的方向和策略。当品牌定位明确时，企业才能够确保所有的营销活动都与品牌的核心价值观和目标市场保持一致。

（2）品牌管理模式

除了明确品牌的定位，企业还需要建立一个有效的品牌管理模式，来确保品牌策略的连贯性和一致性，使所有的营销决策都能够与品牌的长期目标和战略保持一致，避免因为短期的营销活动而损害品牌的长期健康发展。

总体来说，品牌基础是整个营销工作的基石。一个清晰的品牌定位可以为企业提供方向，帮助其在竞争激烈的市场中找到自己的独特位置；而一个稳定的品牌管理模式则可以确保品牌的持续健康发展，为企业的长期成功奠定基础。

当深刻理解了现代营销整体结构示意图的内涵后，就可以站在"森林之巅"，以鸟瞰的角度审视整个公司的营销工作。通过这一视角，可以轻易地辨识出哪些工作是亮点，而哪些工作可能成为自己的短板。

好的营销活动是一次成功，好的市场部则会让企业在营销上面一直成功下去。

而想要做好上述所有工作，便需要一个专门的部门来负责，这个部门就是市场部。从品牌、产品和渠道规划，到以年度经营计划管控模式来完成立项，再到推动项目顺利完成，都需要市场部来主导统筹。因此，建设专业的市场部对于企业发展的意义是不言而喻的。

第二章

市场部怎样帮助
企业赢得市场

市场运行的底层逻辑是竞争，是通过调动资源、肩负职能，为企业提供在市场上拼杀的动力，牵引企业前进。有的部门是企业的肌肉，有的部门是企业的手足，有的部门是企业的血液，市场部则是企业的灵魂。

01

市场部为企业提供动力

市场部并不是做一次成功的营销活动，而是建立一个能够不断创造成功的市场体系。成功的市场部门就像是企业成长的引擎，推动着每一次突破和创新。

　　一家企业就像是一个政权，能够在竞争中脱颖而出的，一定是自身实力强劲且有凝聚力的，能够在关键时刻拧成一股绳，而决定这一点的，则是组织内的关键人物（或部门）。

　　回归到企业管理的问题上，企业也需要有这么一个能够将所有资源凝聚在一起的要素，只不过这个要素不是某个人，而是一个部门——市场部。

　　企业想要在激烈的市场竞争中持续发展，需要内部各部门之间紧密配合、共同发力。在这个过程中，可以通过"基于用户与创新的组织运营模型"来了解市场部为什么是企业发展的"发动机"。

　　从图 2.1 中可以看到，每一模块对应了不同的部门。在一个企业中，有些部门是没有动力的平台部门，比如：

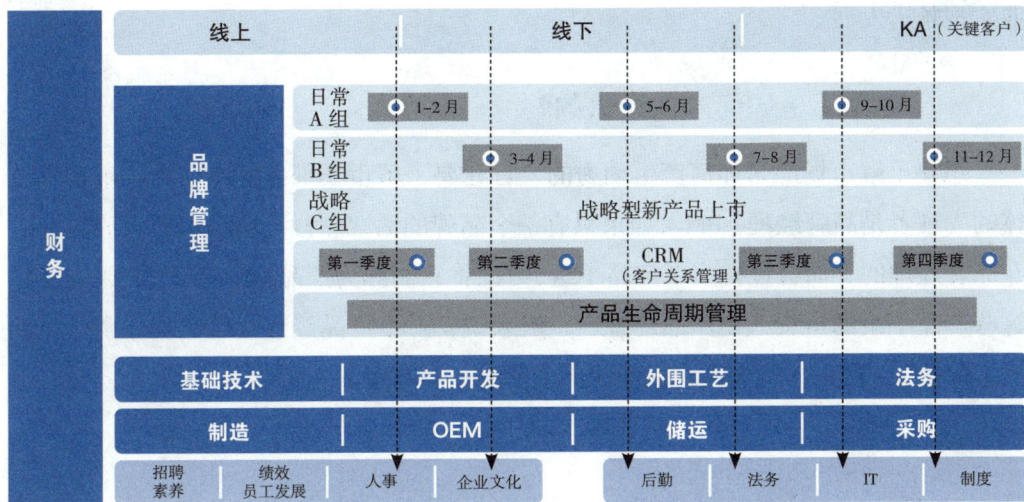

图 2.1　基于用户与创新组织运营模型

- 销售部门只能销售公司现有产品，并不能自行改变产品进行销售；
- 人力资源部只能从人的角度下功夫，并不能从营销的角度提供意见；
- 行政部只能保证办公用品完好可用，并不能对营销工作进行管理；
- 财务部虽然涉及各个部门，却也只能做到公司预算的支撑，并不能回答公司要做什么产品、怎么做营销等问题；
- 研发部虽然能开展一些创新活动，但它的创新却不都是有意义的，而且是有风险的。

所以，这些部门都是平台部门，它们的特点是能给企业提供支撑，如果没有能量输入就只能像汽车的轮胎、方向盘一样在原地不动。

而企业的发展需要往前走，所以要建立一个动力部门——市场部，市场部就是这台汽车的"发动机"，它是内部的龙头部门，也是为各部门提供创新助力的动力部门。没有市场部的持续动力输出，其他部门虽然能完成日常运作，却难以助力企业实现长远发展。

一、市场部是如何产生动力的？

想要了解市场部是如何产生动力的，首先要了解市场部的基本结构。市场部总体的管理者是品牌经理（BM），如果只有一个品牌的话，品牌经理也就是市场部总监。在品牌经理的下面会设置多个产品小组，可以将它们称为产品小组 A 组、B 组、C 组。这些产品小组的负责人是产品经理，一般来说，一个产品经理会带 2 ~ 3 个产品助理，如图 2.2 所示。他们在产品小组中就干这一件事情——开发新产品。

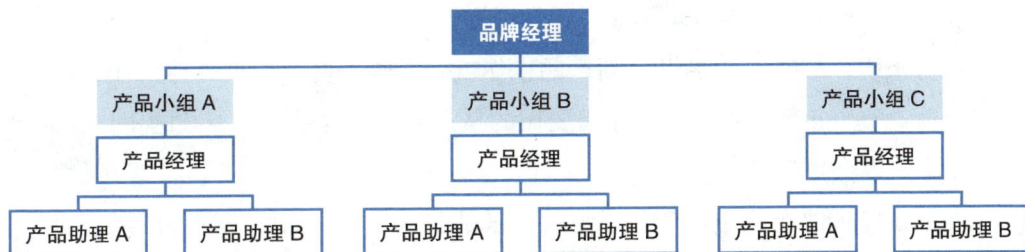

图 2.2　市场部基本组织框架

　　三个产品小组要做的"开发新产品"的工作，一种是指开发一个全新的品类出来，另一种则是对原有的产品进行升级迭代。其中，日常 A 组和日常 B 组专注研究现有产品的升级迭代；而战略 C 组则主要负责研究新品类。基于此，又可以将日常 A 组和日常 B 组称为"战术型新产品小组"，将战略 C 组称为"战略型新产品小组"。

　　从图 2.3 中也可以看出，不同产品小组开发新产品的周期是错开的。日常 A 组如果在第一季度的 1—2 月开发新产品，那日常 B 组就专门负责 3—4 月的新产品开发。当日常 A 组完成 1—2 月的工作后，再在 5—6 月开始做新的开发新产品项目。如此交替循环，这两个小组便可以在一个年度内，交替完成多个开发新产品的项目，让企业不断有新的产品创新推向市场。

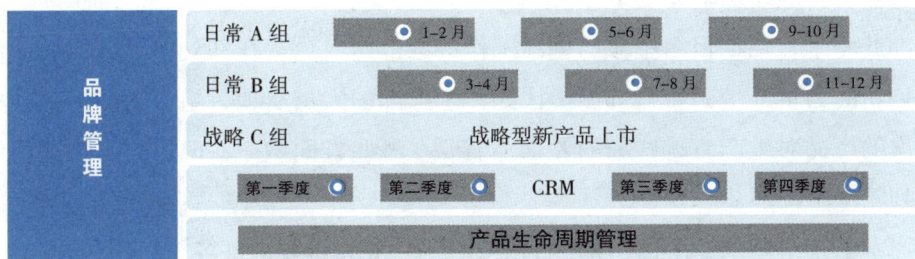

图 2.3　产品小组运行图

　　现代营销的关键点，就是要通过不断创新去吸引客户关注，增加客户黏性，做到这一点，才有可能形成后面的购买转化。日常产品小组的这种"高频度创新，小步快跑"的创新模式，可以让企业保持一定的创新频率，对客户产生持续吸引力，同时也可以对外来的创新竞争形成一定的抵抗。

相对来说，战略 C 组的开发新产品工作就会稍长一些，根据具体工作的不同，可能会覆盖整个年度。因为这个小组要做的是大创新，这是一项复杂的工作，需要的周期必然也会更长一些。

在规模较大的企业中，产品小组的数量是非常多的，像腾讯这种巨无霸企业，其内部的产品小组更是多种多样，有的小组负责游戏板块，有的小组负责微信板块，有的小组负责支付板块……这些产品小组通过交错进行的小创新、大创新，推动着腾讯这家企业一直向前发展。

二、市场部的动力是如何传递的

产品小组为市场部提供动力，市场部则要将这种动力传递到企业内部的各个部门。当市场部中的某个产品小组要开展创新工作时，首先要以项目管理的方法，建立一个项目组，从各个部门找来需要的人。

在接下来的一两个月中，这些来自不同部门的人，需要共同在这个项目组中，完成具体的项目工作。当项目完成后，项目组直接解散，各部门的人再回到各自部门从事相关工作。当新的产品小组要开展创新工作时，还会从各部门找到需要的人加入项目组，继续从事新的工作。

如此一来，在项目组中参与创新工作的各部门人员，在回到各自部门后，便会将"创新的力量"带到各自部门。比如，生产部的人员从项目组中返回后，会更清楚这次的产品对生产有哪些新的要求，需要在哪些方面做一些改进，会将这些信息传递到整个生产部。

原本只是市场部一个部门推进的创新工作，成为企业内部各个部门的共同工作。产品小组所创造出来的动力，也就这样被各部门的人员，带到了各个部门，创新的氛围也借此逐渐在企业内部蔓延开来。市场部也正是因为这样，才成为企业创新发展的"发动机"。

02

市场部引领企业
面对竞争

市场的变化是无时无刻不在进行的，成功的企业不是依赖于一成不变的计划，而是依靠能够引导和应对变化的团队，特别是有远见的市场部门。

当谈到"营销"时，许多企业倾向于将其等同于"销售"，认为营销的主要目标就是销售产品。实际上，在现代营销中，"营"与"销"应该是分开的，"营"代表市场部的工作，而"销"则代表销售部的工作。在企业中，这两个部门各自承担不同的职责和使命，如图 2.4 所示。

●市场部按品牌和产品划分二级部门　　　●销售部按渠道划分二级部门

●市场部人员对品牌和产品的收益负责　　　●销售部人员对渠道的收益负责

图 2.4　市场部与销售部区别

市场部关注的是宏观层面的思考，它的主要使命是提升公司品牌资产、制定市场策略、改变消费者的态度，从而推动产品的销售。它需要通过研究市场趋势、消费者行为以及竞争对手的动向，制定长期战略，确保企业的品牌在市场上保持竞争力。

相比之下，销售部则偏重即时思考，通过打造专业化的销售队伍，建立并维护高效、稳定、广泛的分销网络。它的主要目标是直接促成销售，并确保产品能够顺利到达消费者手中，因此，这一部门要将注意力更多放在渠道上。

二者之间的不同，也决定了两个部门在企业中是一定要分开的，绝对不能合并在一起。让销售部行使市场部的职能，或是让营销部来代管市场部的工作，都是一种理想化的设想，最终只会让一个部门的职能吃掉另一个部门的职能，让企业完全失去其中一个部门。

理解了市场部和销售部的区别后，再来了解市场部的人员构成及具体职能，就轻松多了。

一、市场部的核心人员

市场部的构成人员不少，但较为核心的主要有两个：一个是品牌经理，一个是产品经理，如图 2.5 所示。在组建市场部时，最先需要确定下来的，就是这两个核心角色。

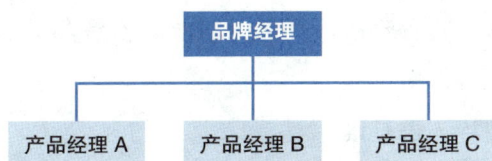

图 2.5　市场部核心人员

品牌经理是单个品牌的直接负责人，负责品牌的整体运作。如果企业只做单个品牌，那品牌经理就是市场部的总负责人。如果企业要做多个品牌，那便要为每个品牌配备一个品牌经理，在这些品牌经理之上，还要有一个市场总监，来负责整个市场部的工作。通常情况下，企业还要为品牌经理配备一个或多个品牌经理助理，来帮助品牌经理完成品牌推广等相关工作。

产品经理是品牌之下某一产品的直接责任人，负责该产品的整体运作。市场部中产品经理的数量是不确定的，需要根据产品的数量而定，也要看企业的实际情况。与品牌经理一样，产品经理也要有助手（产品经理助理），帮助他来完成产品开发的工作。

除了这两个核心角色外，市场部中还有一些其他人员，比如负责市场调研工作的市场研究经理、负责宣传媒介管理的媒介经理、负责促销推广活动的推广经理等。但对于大多数初创企业来说，市场部中并不需要一下子配备如此多的人员，当企业发展到一定规模，需要市场部完成更多工作时，再相应地增加相关人员就可以了。

二、市场部的核心职能

在了解市场部的基本职能前，先来了解一下市场的定义。市场指的是一群有着相同或相似需求的人群（或其他经济活动参与者）的集合。需求对于市场有着决定性的意义，没有需求，市场便不可能存在。

在理解"市场"的定义时，很多人会将"需求"与"需要"混淆，认为需求即需要，这其实是不正确的。需求是建立在交易能力和交易意愿之上的需要，如果仅仅是需要，而不存在交易能力和交易意愿，那么需求也就是不成立的，进而市场也就不存在了。即便交易能力存在，但交易意愿消失了，市场也会跟着消失。

明确了市场的定义，再去理解市场部的职能就容易多了。在企业中，市场部要做的其实就是研究明白两件事：

一是研究企业的目标人群是谁；

二是研究这些人的需求是什么。

研究明白这两件事之后，市场部才能更好地去做品牌发展规划、渠道规划、产品规划等工作。因此，总结来说，市场部的基本功能主要有三个，即产品管理的职能、策略管理的职能和品牌管理的职能。处于不同的阶段，市场部所肩负的职能也会有所不同。

1. 初级市场部——产品管理的职能

对于初级市场部来说，它的主要职能是发现与满足客户需求，即产品管理的职能。初级市场部的人员比较少，所以只要专心做好客户需求研究，做好产品管理工作就好了。企业如果想要让客户买单，宣传语说得再天花乱坠，最后也要依靠产品，没有产品，市场部的营销工作那就是"无本之木""无源之水"。

因此，市场部的第一个核心职能，就是做好产品的管理。先解决产品的问题，比如研究清楚客户的需求点、帮助公司策划产品升级的方案、在现有产品基础上研究新的产品等，这些是市场部最基础的职能，这一步做好了，才能走到更高的层面。

2. 中级市场部——策略管理的职能

当市场部从初级阶段发展到中级阶段时，它的职能也会随之增加，这一阶段它的主要职能是为实现年度目标制定总体策略，即策略管理的职能。

中级市场部的人员数量增多了，相应要做好的工作也要增加。在产品管理的职能之外，市场部还要承担制定策略的职能。具体来说，就是要做好前面提到过的品牌发展规划、渠道规划、产品规划以及年度经营规划中营销策略。做好这四大工作后，市场部就完成了"升级"，从最初的整合产品相关的资源，变成了一个整合企业所有资源的部门，就像军队中的"总参谋部"一样。

3. 高级市场部——品牌管理的职能

当市场部进一步发展，到了高级阶段时，它的职能会进一步增加，这一阶段它的主要职能是通过战略管理来实现企业的品牌价值，即品牌管理的职能。

高级市场部的人员基本齐备，它所肩负的职能也要再升一级。这一阶段，市场部除了要做好产品管理和策略制定的相关工作，还要从战略层面上去思考，帮助企业制定整体发展战略，帮助企业提升品牌价值。到了这一阶段，市场部可能要同时管理多个品牌，这时它要做的便不再是一个品牌规划、一个渠道规划，而是多个品牌规划、多个渠道规划。这时的市场部就成了一个"超级市场部"，而企业也已成为行业中的头部企业，或者说是巨无霸企业。

宝洁存在多个产品线和品牌，不同的品牌又对应着不同的产品。市场部通过对消费者的长期洞察，并且经过一系列调研，得出结论，例如，止痒洗发水可能会有需求，然后市场部会为这款还在概念期的洗发水命名，设计外包装、广告语、定价、推广策略等。这一切的工作都是由市场部来主导完成的。

图 2.6 所展示的便是市场部全面项目化组织架构在市场部的三个核心职能下，所需要完成的各项工作。可以看出，市场部的工作基本覆盖了企业经营发展的各个方面，不仅为企业提供源源不断的动力支持，也为企业在各个方面的稳定发展保驾护航。也正是基于这一点，市场部才能成为企业不可或缺的前端部门。

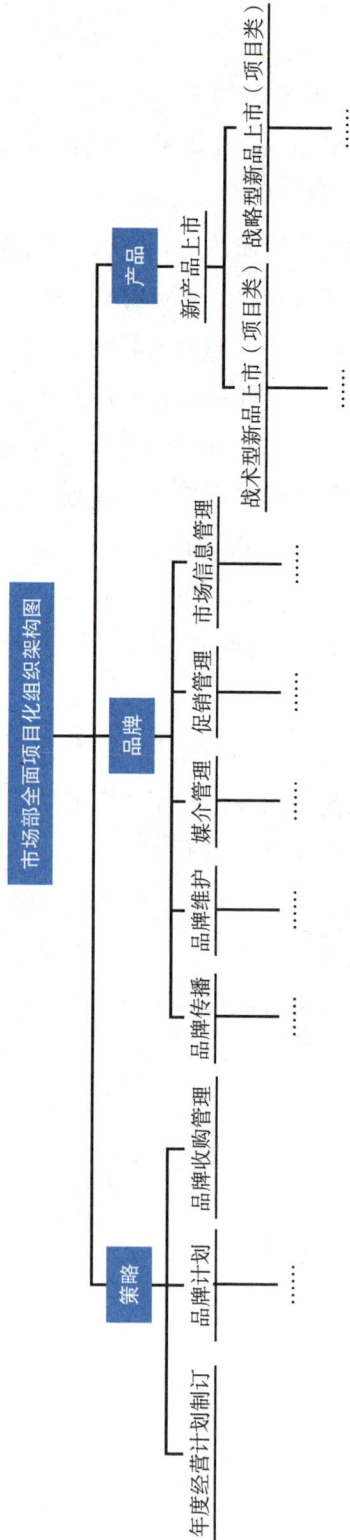

图 2.6　市场部全面项目化组织架构图

市场部全面项目化组织架构图

策略
- 年度经营计划制订
- 品牌计划
- 品牌收购管理
- ……

品牌
- 品牌传播
- 品牌维护
- 媒介管理
- 促销管理
- 市场信息管理
- ……

产品
- 新产品上市
  - 战术型新品上市（项目类）
    - ……
  - 战略型新品上市（项目类）
    - ……

03

市场部的自我迭代

决策不是永远固定的，是根据时机和环境变化的。好的管理能够帮助企业理解不同的市场阶段，并在每个阶段作出最合适的决策。

想要了解市场部这个前端部门是如何起作用的，只了解市场部的人员构成和基本职能是不够的。在企业发展过程中，想要市场部这个前端部门持续不断地产生动力，就要根据企业发展的实际情况，不断完善市场部的组织架构。

市场部的组织架构变化，就像一株植物一样，有一个从种子到树木的变化过程，并不是一成不变的，而是需要不断进化的。在这个过程中，市场部的岗位会越来越多，人员规模也会不断扩大，在企业发展过程中起到的作用也会越来越大。

具体来说，市场部的组织架构变化一共可以分为五个阶段，这五个阶段是伴随着企业规模不断扩大而演化迭代的。

一、第一个阶段

尚在初创阶段的企业，想要搭建一个规模庞大的市场部是不现实的，但企业对于市场部的需求是存在的，因此初创企业可以选择从第一阶段的市场部开始建设。这一阶段的市场部就像是一粒种子，还没有长开，所以在组织架构上也非常简单。

图 2.7　第一阶段市场部组织架构

这一阶段市场部的组织架构如图 2.7 所示，市场经理作为市场部的负责人，肩负着市场部的最基本职能。市场经理之下是产品经理，主要负责企业产品的创新迭代。而在产品经理之下则是产品助理，负责辅助产品经理完成相关工作。

如果初创企业只有一个品牌的话，那市场经理本身也是品牌经理，他要肩负起市场部的最基本职能，即对用户需求的研究，总体策略的制定和品牌价值的提升。如果初创企业内部有负责产品管理的专门人才，可以将其编入市场部，作为产品经理负责产品的创新迭代，同时也可以帮助市场经理处理一些推广宣传方面的工作（市场部内部应专职分工，但由于此时市场部组织架构还处于最初形态，所以在工作分配方面也相对自由一些，待到组织架构成型后，市场部各角色便要做到专职分工）。产品助理多由招聘的应届大学生担任，他们需要在配合产品经理完成产品创新管理工作的同时，学习市场部管理的相关方法，以便为向上晋升打基础，为企业市场部储备人才。

二、第二个阶段

对于创业企业来说，初创的半年到一年时间是最困难的，当度过这段困难期后，企业或许拥有了一定的市场份额，或者获得了一定的投资，总之企业可以不再为能否生存下去担忧了。随着企业开始追求更高的目标，市场部也要随之发展起来，此时市场部的组织架构也发展到了新的阶段。

这一阶段市场部的组织架构如图 2.8 所示，市场部的主要负责人依然是市场经理，由于这一阶段市场部的工作开始增多，所以需要为市场经理配备助理，辅助他做一些品牌管理方面的工作和协调市场部的整体工作；再往下是两个并行的产品小组，分别是由产品经理 A 和产品助理 A，以及产品经理 B 和产品助理 B 组成，主要负责对产品进行创新迭代。

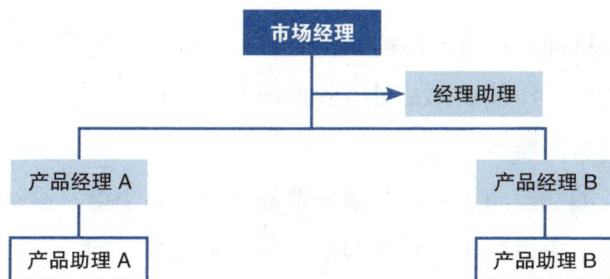

图 2.8　第二阶段市场部组织架构

可以看出，此时的市场部在组织架构上已经变得相对复杂，首先是人员和岗位固定，市场经理就做市场经理的工作，产品经理就做产品经理的工作；其次是开始有了并行的产品小组，产品管理方面的工作也变得多了起来。在这一阶段，种子开始萌芽，市场部的组织架构也将继续丰富起来。

三、第三个阶段

当企业进入快速发展阶段，就开始需要有一个职能完备的市场部了。此时，不但市场部的架构要越发完善，市场部内部人员的职能也越发清晰。在前两个阶段，将市场部的掌舵者称为市场经理，而在这一阶段后，就可以将他称为市场总监了，市场总监职责如图 2.9 所示。

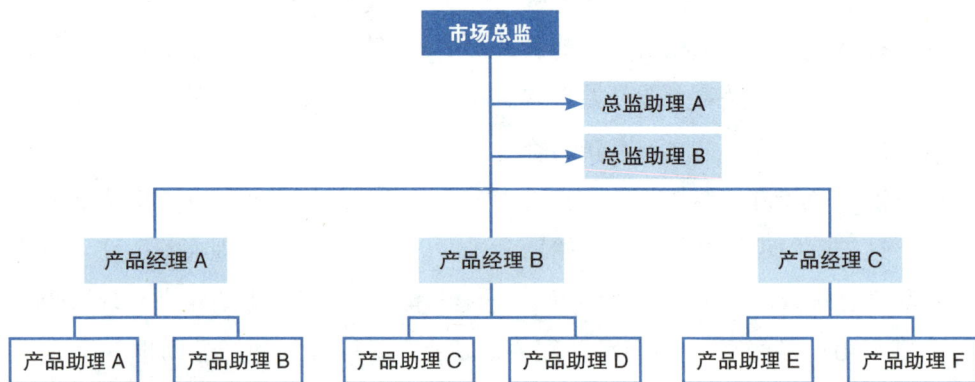

图 2.9　第三阶段市场部组织架构

这一阶段的市场部，在组织架构上比照前一阶段的市场部的变化是：

第一，产品小组工作量加大，对应的内部人员也会增多，一个产品经理往往会配备两个以上的产品助理；

第二，在原有的双产品小组外会额外增加一个产品小组，也就是前文提到的战略型产品小组，这个小组虽然与其他两个产品小组是平行的，但有不同，它承担企业产品或服务的颠覆性创新，即从无到有开发新产品；

第三，由于市场总监的工作量也开始增加，其助理的数量也会相应增加。

从图2.9可以看到，此时的市场部已经由最初的三个人扩张到了十二个人。其实，到了这一阶段，真正具有一定规模的企业并不会只建立这三个产品小组，根据自身实际需要，企业可能会建立十个到二十个产品小组，来共同完成产品的创新迭代工作。也就是说，这一阶段的市场部中，甚至会有超过一百个人共同工作。

随着企业的进一步发展，市场部的组织架构依然要继续完善。只不过，接下来市场部的组织架构并不会再像这样线性扩张下去，而是会呈现出一些不同的发展趋势。

四、第四个阶段

对于那些已经度过高速发展期，获得了一定的行业地位，并已经具备了一定的市场影响力的企业来说，市场部的组织架构则会进一步复杂。

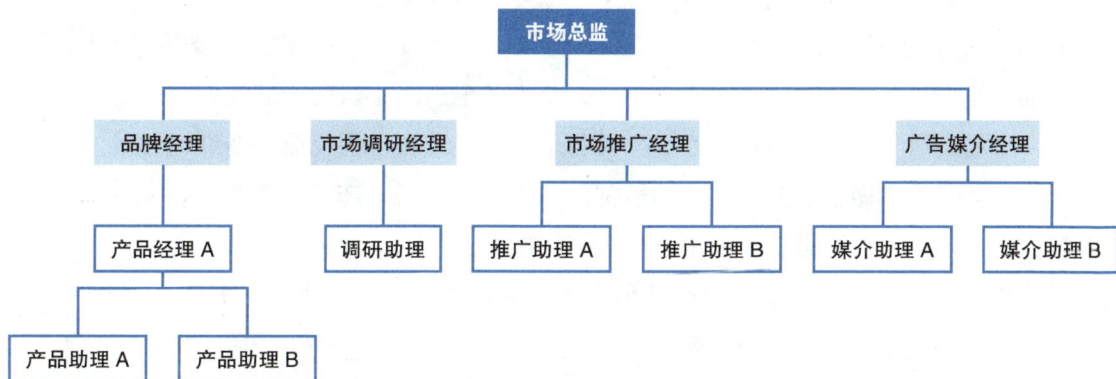

图 2.10　第四阶段市场部组织架构

从图2.10可以看出，在这一阶段，市场总监的职能进一步分化，此时市场总监不再兼任品牌经理之职，而是将品牌管理职能交由品牌经理负责，将品牌经理独立出来成为市场总监和产品经理之间的一个职位。此时，品牌经理所负责的便是上一阶段中市场总监所负责的工作，之所以要单列这一职位，主要是因为此时市场部的组织架构已经相当庞大，市场总监需要统筹整个市场部的工作。因此所有产品小组的管理工作，以及品牌管理工作，便要由专门的品牌经理负责。在品牌经理之下，依然是多个产品小组。随着市场部工作的增多，单个产品小组需要负责的工作也随之增加，负责辅助产品经理完成工作的产品助理数量也要随之增加。

与前一阶段不同之处在于，这一阶段市场部组织架构的变化主要体现在市场部中新增了一些其他二级部门。这些二级部门的出现同样是由于市场部所负责的工作增多，需要有一些支持性的部门为各个产品小组提供支持：

第一，**市场调研部**，主要进行市场调研及用户需求分析等工作，由市场调研经理负责，其下可配置一名市场调研助理；

第二，**市场推广部**，主要进行市场推广工作，由市场推广经理负责，因为这一部门的工作需要去推广执行，所以可以多配置几名市场推广助理；

第三，如果企业做的是 to C 的业务，那还需要设立一个**广告媒介部**，主要负责媒介宣传工作，由媒介经理负责，同样也需要配置相应数量的助理。

这一阶段市场部的组织架构看起来复杂，但实际上它的逻辑却特别简单，基本上就是由市场总监统筹的各个部门经理搭配助理的模式，尤其是这些支持性部门，基本上是根据企业的营销需求来确定的，是为各个产品小组的产品经理分忧的。之前，市场调研、媒介宣传等工作都需要各个产品经理自己去完成，让助理去做，或者找专业公司来做，但当这些支持性部门建立起来之后，产品经理便不必再花过多精力在这些工作上，可以专心于产品的创新迭代。

如此一来，市场部下面的产品小组便可以不断复制，十个、二十个、三十个、五十个、一百个……只要有需要，市场部下面的产品小组便可以不断增加。当然，如果到了这一步，企业便要考虑将市场部的组织架构推进至新的阶段了。

五、第五个阶段

到了第五个阶段，整个市场部的组织架构便会迎来一个较大的变化。由于不同类型的企业可以选择不同的发展策略，所以这一阶段市场部的组织架构也会呈现出并不相同的两种变化。

1. 多品牌企业的市场部组织架构

在发展到一定阶段后，一些企业会选择多品牌发展战略，即在企业内部打造多

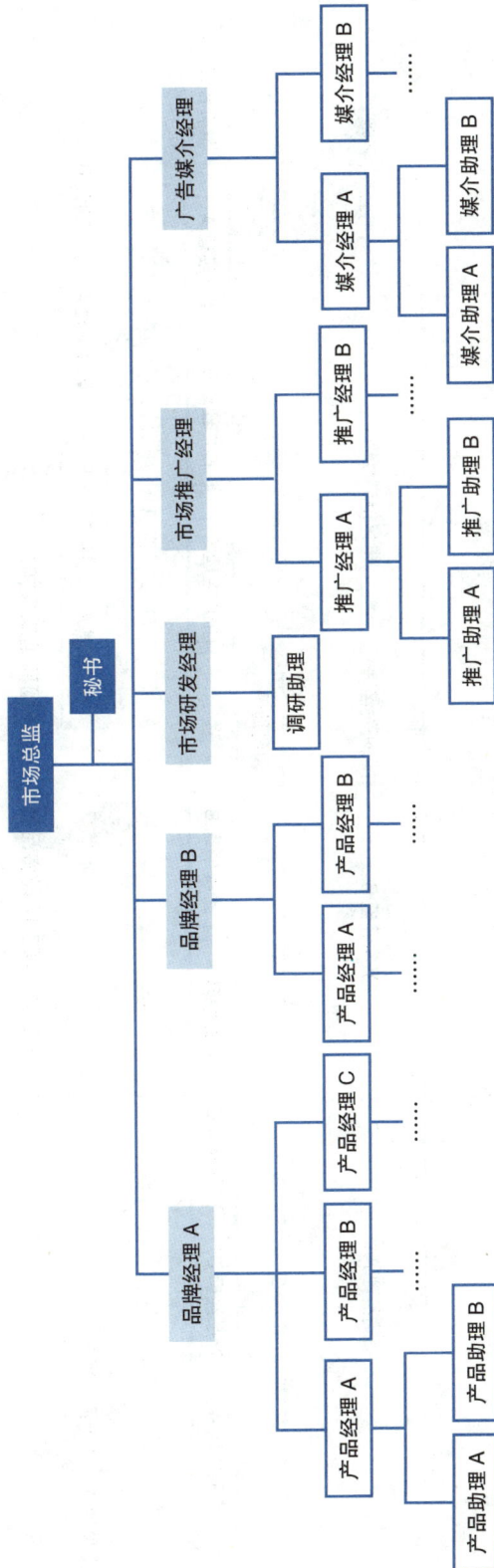

图 2.11　第五阶段多品牌企业的市场部组织架构

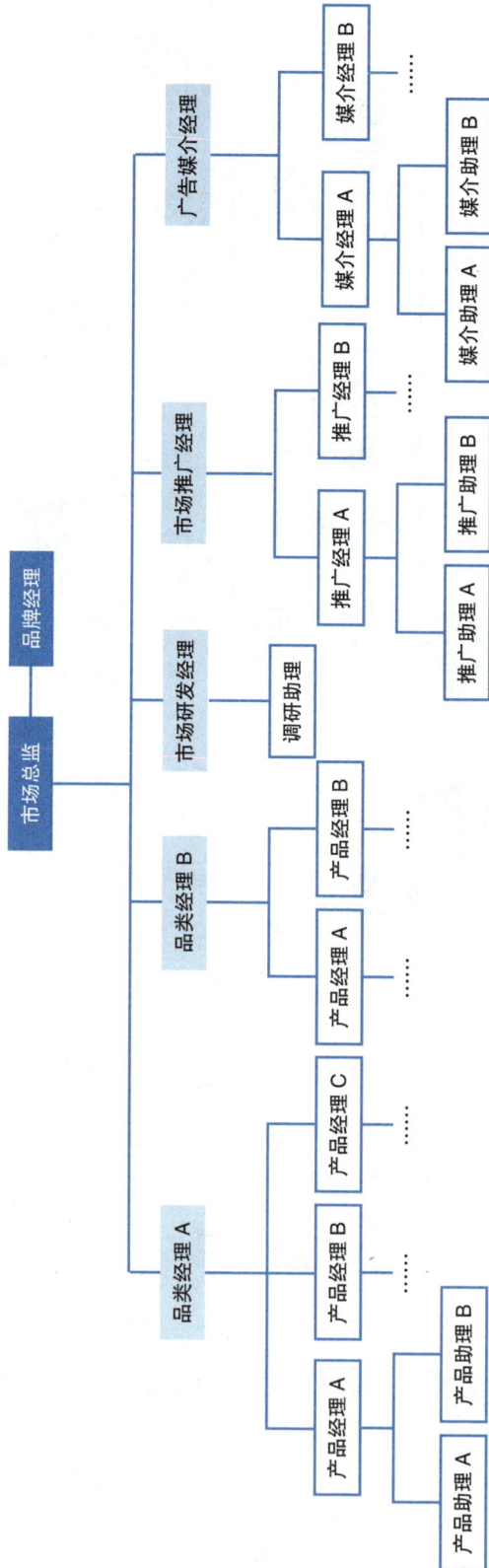

图 2.12 第五阶段多品类企业的市场部组织架构

个品牌。宝洁公司便是这类企业的翘楚，在宝洁公司旗下，有三百多个品牌，飘柔、潘婷、海飞丝、舒肤佳、玉兰油、帮宝适、佳洁士、汰渍、碧浪、吉列等都是宝洁在中国的品牌。拥有如此多品牌的宝洁，在市场部建设方面，自然而然地采用了多品牌企业的市场部组织架构。

图 2.11 展示的便是针对多品牌企业的市场部组织架构模型，可以看到，市场总监依然是市场部的主要负责人，在他之下配备了一名秘书人员，专门负责辅助市场总监处理市场部的各项工作。相比于助理，秘书人员所负责的工作要更为复杂，其本身所需具备的市场部管理技能也要更高。

发展到这一阶段后，很多企业会选择在原有品牌基础上，再孵化出新的品牌，这样一来，市场部之中便要相应增加一组新的品牌管理部门。不同于旧有品牌管理部门，新的品牌管理部门将是一套新的班子，品牌经理和各个产品小组的经理都要重新确立。如果有需要，市场部还可以增加更多的品牌管理部门。

同样，这一阶段的市场部依然要设置一些支持性部门，来帮助产品小组完成相应工作。由于品牌管理部门的增加，相关的支持性工作也随之增加，这些支持性部门的规模也相应扩张，相应经理下面也会配备更多助理。

2. 多品类企业的市场部组织架构

多品牌发展并不是企业唯一可选的发展路径，当前市场上也有很多企业选择单品牌发展，即着力打造单一品牌，最大化企业品牌价值。这一点在电器类企业中尤为常见，比如小米、美的、索尼等，它们的规模很大，但从始至终都经营一个品牌。相较于品牌，这些企业更注重对"品类"的经营。其市场部的组织架构，也主要围绕"品类"来打造。

图 2.12 展示的便是多品类企业的市场部组织架构，在这一组织架构中，市场总监依然是市场部的主要负责人，但品牌经理被品类经理所取代。由于整个企业只有一个品牌，所以品牌经理依然由市场总监兼任。

品类经理负责的是具体的品类产品管理工作，比如在某一单品牌企业中，有的品类经理负责游戏品类，有的品类经理负责影视品类，有的品类经理负责娱乐品类……在这些品类经理之下，便是具体的产品小组，即产品经理搭配产品助理的模式。

如此一来，企业内部的每个品类便会形成自己专门的产品小组集群。在多品牌的市场部中，产品小组是不管品类的，不论是哪个品类，只要能开发出对应品牌的新产品，便可以去做，所以它们更多是做跨品类的新产品开发。而在多品类的市场部，产品小组只开发自己品类下的新产品，如果是手机品类，那就只做手机的创新迭代或新品开发；如果是做电视品类，那就只做电视的创新迭代或新品开发，不同品类下的产品小组是不能做跨品类的新产品开发的。

与多品牌的市场部相同的是，多品类的市场部同样要设置一些支持部门，它们所要做的工作与在多品牌市场部下的工作没什么区别，只不过在与产品小组进行配合时，在工作思路上会有些许不同。

六、第六个阶段

如果市场部继续发展下去，随着企业规模的不断扩张，市场部中的人员规模也进一步膨胀，此时，市场部便将逐渐朝着事业部的方向演化。事业部，这个概念近几年来很火热，很多大公司都成立了专门的事业部，比如腾讯的六大事业群、华为的事业部制组织架构等。

想象一下，在第五个阶段中，市场部下面建设了许多品类管理部门或品牌管理部门，市场部的人数膨胀到五百人左右时，即使再给市场总监多配置几个秘书，想要料理开这一摊事务，也会显得力不从心。这时，企业便要根据不同的产品类别，或是品牌类别，将那些已经可以独立运作的部门分离出去，让其独立运作，形成一个独立的事业部。

比如，企业可以将市场部内的厨电品类部门聚在一起，成立一个厨电产品事业部；或者将牙膏、牙刷等口腔护理类产品，都归类到一起，成立一个新的事业部。每个事业部都像一个小型公司一样，具备自己的人力、行政和财务等部门，在经营上是完全独立的，不与其他事业部共享资源。

当然，想要成为独立的事业部，也没那么简单，大多数企业都会设置一些具体的要求。比如有的企业要求有市场畅销产品，覆盖多少用户；有的企业要求每年总销售额达到多少，才可以成立独立的事业部。宝洁公司便采用了后一种要求，即只有销售额达到 50 亿元人民币后，才能成立独立的事业部。这样做的好处在于可以确保每个事业部都有足够的实力去独立运营，不至于出现"一独立就倒闭"的情况。

除了这方面的优势外，这种在市场部内部孵化事业部的方式，还可以避免"过早分家"带来的风险。比如，有的大企业想要打造一款新的品牌，在进行了一番谋划后，便注册了新的公司，专门经营这一品牌。新公司中的员工有的是从原有企业抽调的，有的是直接招聘的。一开始新公司运营得还不错，但随着市场竞争越来越激烈，由于缺乏必要经验和硬实力，这家新公司很快便败下阵来。结果就是新品牌没有打造成功，企业还搭上了一大笔资金和资源。

相比之下，将新品牌作为市场部下的一个部门来孵化，让其在市场部之中，借助市场部内部的各项资源和各类经验，先行进行品牌开发与推广工作，等到具备了一定的市场影响力，或达到了预定标准后，再成立独立的事业部，不仅能够节省资金和资源，还能最大程度上提高新品牌的成功率。

1991 年宝洁公司还只有两个品牌。不过，在短短五年内，宝洁的品牌数量迅速增长至十三四个。这些品牌既有市场上耳熟能详的五大洗发水品牌、两大洗衣粉品牌，以及牙膏品牌，还包括了护舒宝、帮宝适等个人护理品牌，以及玉兰油等护肤品牌。所有这些品牌诞生之初都在同一个市场部下运作，每一个都有自己的品牌管理部门进行管理。

到了 2004 年，随着某些品牌规模的扩大，宝洁开始进行结构上的调整，将一些大型品牌如牙膏、个人护理品牌（包括洗发水和香皂）从市场部中分离出来，让它们作为独立的事业部运作。而那些规模相对较小的品牌则继续留在原有的市场部中，继续利用市场部中的共有资源进行运营。

宝洁公司所走的，正是从中级市场部向事业部发展的组织架构演化之路，它的成功经验是值得所有企业借鉴学习的。

仔细看的话，市场部的组织架构其实还挺简单的，它最初就是"品牌经理 + 产品经理 + 产品助理"的模式，然后随着企业规模的扩张，市场部中会逐渐增加一些公用部门，比如市场调研部、媒介推广部等。最后随着企业品牌战略的发展，市场部中还会增加更多的品牌管理部或品类管理部，最终成熟的品牌或品类会分离出去，成为独立的事业部。

值得注意的是，上面所讲述的市场部组织架构变化的不同阶段并没有严格的界限，并不是说初创企业就一定要从第一个阶段开始来建设市场部，发展到一定规模的企业就一定要做独立的事业部，将某个品牌或品类分离出去。企业要做的，是根据自身实际情况来建设市场部，并根据企业发展的实际来不断变革、完善市场部的组织架构。

04

如何制定市场部的
组织架构

组织结构的设计不仅是为了提高效率，更是为了让公司能够灵活应对市场变化。良好的结构要支持快速决策和有效沟通，从而确保公司能够应对挑战，实现战略目标。

20世纪初，亨利·福特通过建立汽车生产线而享誉全球。他的做法是，给公司每一个员工分配特定的、重复性的工作。例如，有的员工只负责装配汽车的右前轮，有的则只负责安装右前门。通过把工作分解成较小的、标准化的任务，工人能够反复地进行同一种操作。福特利用技能相对有限的员工，每十秒钟就能生产出一辆汽车。

福特的经验表明，让员工从事专门化的工作，生产效率会提高。今天，用工作专门化这个术语或劳动分工这类词汇来描述组织中把工作任务划分成若干步骤来完成的细化程度。

一旦通过工作专门化完成任务细分之后，就需要按照类别对它们进行分组以便使共同的工作可以进行协调。于是，"部门"就出现了。部门是指组织中管理人员为完成规定的任务有权管辖的特定领域，它确定组织中各项任务的分配以及责任的归属，以求分工合理、职责分明，达到组织的目标。部门化的分工带动产能提高的同时，也带来了很多问题，最常见的问题就是，如何划分部门最合理、最高效？

于是，组织结构的设计就变得越来越重要。组织结构是指对于工作任务如何进行分工、分组和协调合作。

有句俗语说，"麻雀虽小，五脏俱全"。为什么要五脏俱全？组织架构到底根据什么样的原则建设？

合理的组织架构要求组织内部各运行要素有效配置及运行机制功能充分发挥。组织架构的合理化程度决定着组织指挥系统与意见沟通系统的有效性，并将对组织目标的实现、组织整体功能的发挥及组织成员的心理产生深刻的影响。

对管理而言，如果人才、资源等软硬件为企业经营提供动力，那么组织架构的合理性就决定着能源转化的效率。同样一个人，在高效的组织架构中，将发挥更强的能力，资源亦是如此。

企业在制定和完善市场部组织架构时，需要深入思考并根据实际情况制订相应的计划。这并非一项随意的任务，而是需要按照一定的步骤和方法有序进行。一般来说，制定市场部组织架构的步骤总共分为五步，如图 2.13 所示。

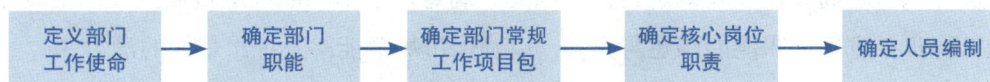

定义部门 工作使命	→	确定部门 职能	→	确定部门常规 工作项目包	→	确定核心岗位 职责	→	确定人员编制

图 2.13　制定市场部组织架构的步骤

第一个步骤：定义市场部使命

明确市场部的使命，是构建市场部组织架构的基础。"使命"不仅是指在企业战略中所扮演的角色和责任，更是组织对所有利益相关者的总体价值承诺。制定市场部组织架构时，定义市场部的使命也需要考虑到如何为公司创造价值、满足需求，并在商业运营中实现可持续发展的目标。

市场部的使命是提升公司品牌资产，提出市场策略，改变消费者态度，推动产品销售。这一使命清晰地指出了市场部的核心责任和目标。

提升公司品牌资产：通过有效的品牌管理和营销活动，市场部可以提升公司在顾客心目中的认知度、信任度和忠诚度，从而增加品牌资产的价值。

提出市场策略：市场部负责制定并执行各种市场策略，包括市场定位、目标市场的选择、产品定价、促销活动等。这些策略的目标是实现企业的市场目标，并确保与市场竞争对手的竞争优势。

改变消费者态度：这一使命表明市场部不仅要满足现有消费者的需求，还要努力影响和改变消费者的态度、行为和偏好。通过有效的品牌传播、广告宣传和公关活动，市场部可以塑造消费者对产品或服务的认知和态度，从而推动销售增长。

推动产品销售：通过制定有效的需求研究与产品规划，进行新产品上市和产品生命周期管理，促进产品销售，实现企业商业目标。

第二个步骤：确定市场部职能

在确定市场部的职能之前，我们已经明确了其使命。市场部的核心职能主要包括三个方面：产品管理、策略管理和品牌管理。关于这三个方面职能，前面已经进行简要介绍，后面还会分章节进行细致介绍，这里便不再展开说明。

需要注意的是，建立市场部组织架构时，必须牢记逐步发展的原则，循序渐进。若初期便要求市场部全面负责产品、策略、品牌等多项职能，团队的资源和精力便会被分散，进而难以实现既定目标。因此，确定市场部的职能应遵循阶段性发展原则，稳步推进每项职能的构建与完善，以确保市场部能够发挥出最大的潜力。

第三个步骤：确定市场部常规工作包

确定市场部的职能后，为了更好地落实执行，需要将这些职能拆解为具体可执行的工作项目包。这一过程主要通过年度经营计划的制订和项目管理方法来实现。

将市场部常规工作项目包按照三个职能进行了划分，具体的内容将会在接下来的章节为大家进行介绍。企业可以根据自身实际情况对工作项目包进行调整，图 2.14、图 2.15、图 2.16 只是部分示例。

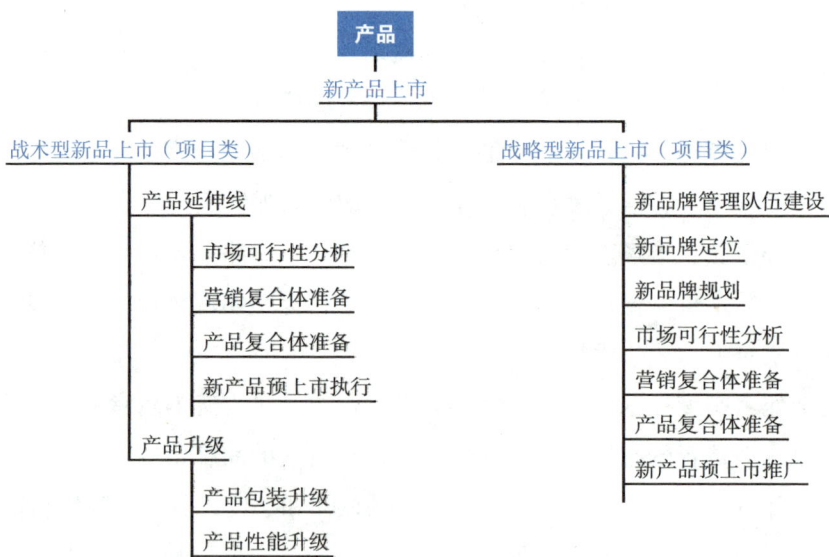

图 2.14 产品管理职能相关工作项目包

```
                          策略
        ┌──────────────────┼──────────────────┐
   年度经营计划制订          品牌计划          品牌收购管理
                          品类规划
                          品牌定位
                          品牌规划
                          品牌管理手册制定
                          品牌管理流程建立
                          年度品牌营销计划
                          销售渠道 / 终端规划
```

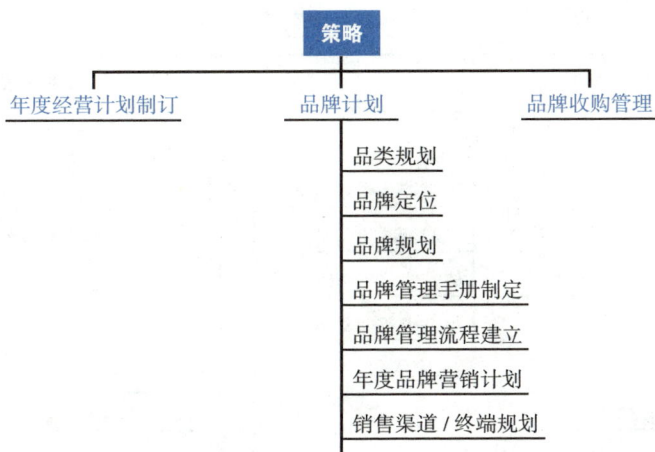

图 2.15　策略管理职能相关工作项目包

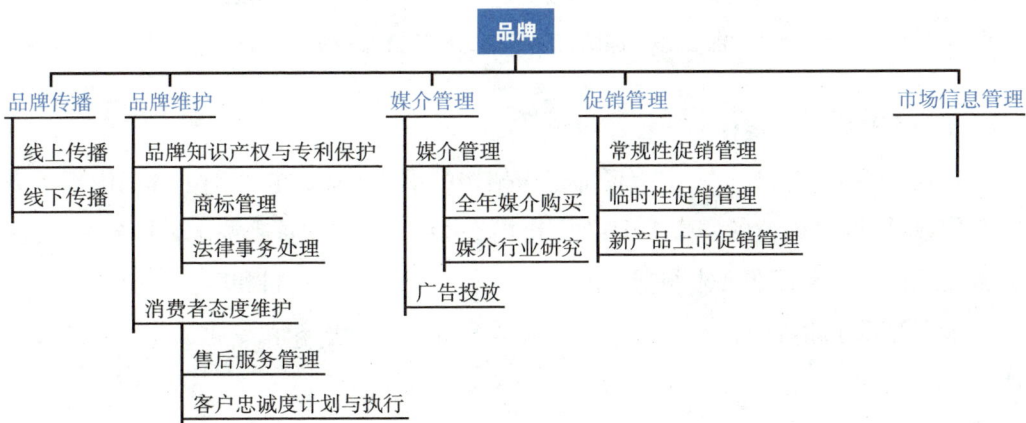

```
                              品牌
   ┌──────┬──────────┬──────────┬──────────┬──────────┐
品牌传播  品牌维护      媒介管理     促销管理         市场信息管理
线上传播  品牌知识产权与专利保护  媒介管理   常规性促销管理
线下传播  商标管理        全年媒介购买  临时性促销管理
          法律事务处理     媒介行业研究  新产品上市促销管理
          消费者态度维护    广告投放
          售后服务管理
          客户忠诚度计划与执行
```

图 2.16　品牌管理相关工作项目包

```
                          市场信息管理
          ┌───────────────────┴──────────────────────┐
       营销类调研                                  宏观经济调研
  ┌───────────┬─────────┐                         ┌──────────┐
  A           D         P                         │ 竞争对手研究 │
                                                  │ 行业趋势研究 │
 品牌定位研究      渠道综合指数调研    性能              └──────────┘
 年度品牌综合检测    终端标准化调研    ┌─ 消费者需求研究
 广告事前/事中/事后测试  终端覆盖率调研    ├─ 产品概念测试
 促销研究         渠道满意度调研    ├─ 产品功能测试
 媒介检测                      ├─ 产品外观测试
 消费者生活形态研究                └─ 产品内/外包装测试
 消费者使用与态度研究
                              价格
                              ┌─ 产品价格测试
                              └─ 产品价格调整研究
```

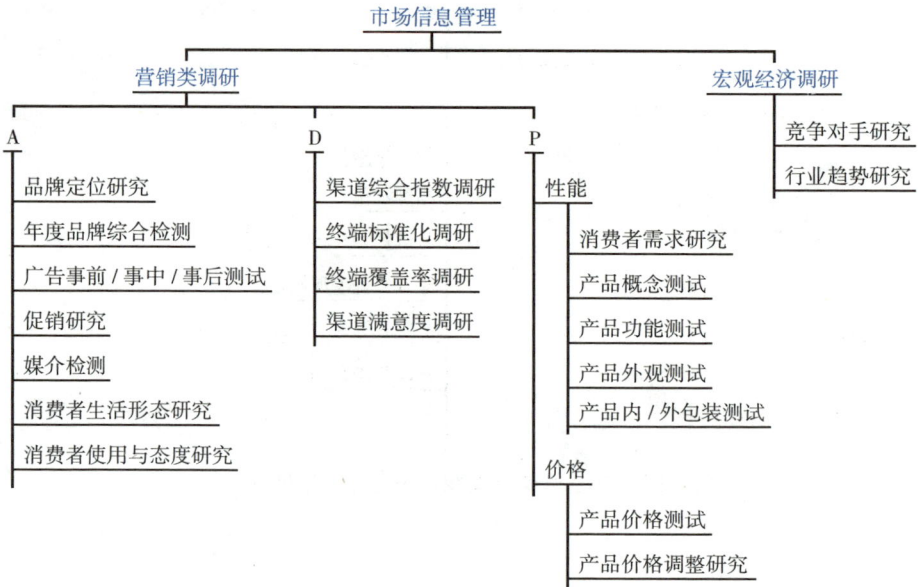

图 2.16　品牌管理相关工作项目包（续）

第四个步骤：确定核心岗位职责

确定核心岗位职责是制定市场部组织架构的重要步骤，它明确了部门内部所需的职位数量、各个岗位的职责范围以及上下级关系。岗位职责来源于工作分类打包，通常由职位信息和任职要求组成。职位信息包括职位基本资料和职位主要职责，任职要求则侧重于素养方面的需求，包括基础素养、管理素养和专业素养，如图 2.17所示。

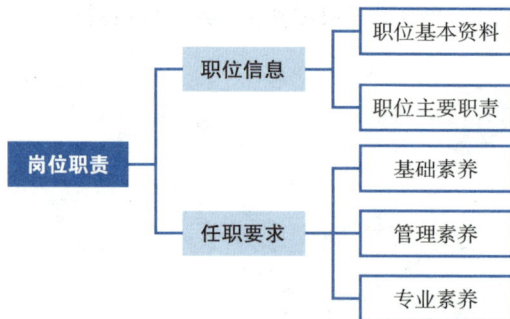

```
                    ┌─ 职位基本资料
         ┌─ 职位信息 ─┤
         │          └─ 职位主要职责
 岗位职责 ─┤
         │          ┌─ 基础素养
         └─ 任职要求 ─┼─ 管理素养
                    └─ 专业素养
```

图 2.17　岗位职责结构图

以品牌经理的岗位职责为例，该岗位隶属于市场部，直接上级是市场总监，职位等级是项目经理。其下属包含品牌主管、产品经理、设计助理以及陈列设计与督导助理等，见表2.1。

表 2.1　职位信息表示例

第一部分：职位信息			
职位基本资料			
职位名称	品牌经理	级别	M3
岗位定员	1人	所在部门	市场部
职位等级	项目经理	直接上级	市场总监
审核方	市场总监	确认方	市场总监
审核日期		确认日期	
监督与管理（直接下属情况）			
职位名称		在职者人数	
品牌主管		1人	
产品经理		2人	
设计助理		1人	
陈列设计与督导助理		1人	

品牌经理负责监督和管理整个品牌团队，并确保项目的顺利进行，它的职责比较广泛，既要管理品牌的专业事项，又要对下级进行培养，培养产品经理、设计助理等，见表2.2。

表 2.2　职位主要职责示例表

职位主要职责	
1.作为项目经理推动下列项目的进展 ① 品牌定位； ② 品牌管理手册制定； ③ 品类规划； ④ 品牌规划； ⑤ 产品规划； ⑥ 渠道规划； ⑦ 新产品上市； ⑧ 品牌日常管理；	⑨ 品牌突发事件管理； ⑩ 品牌知识产权与专利保护； ⑪ 终端标准制定和修订； ⑫ 电视广告开发； ⑬ 平面广告开发； ⑭ 公关活动策划与执行； ⑮ 线下广告开发支持管理； ⑯ 年度品牌促销策划；
2.组织建设 培训产品经理、设计助理、空间设计助理、陈列设计与督导助理、品牌助理	
3.完成市场总监交付的其他工作项目	

通过明确的职责描述，团队成员能够准确了解自身的工作重点和目标，有助于提高工作效率和部门整体的协作水平。

第五个步骤：确定人员编制

制定市场部组织架构的最后一步是确定人员编制，在这一环节中，企业会面临一个问题：是从市场上招聘有经验的市场经理，还是通过内部转岗来选拔培养市场部人才？

在我看来，外部招聘虽然会招来拥有经验的人员，但这种方式往往伴随着更高的失败风险。通过简历和面试难以准确判断候选人的真实经验，因为很多人可能夸大自己的经验，导致企业难以判断他们的实际水平，国内许多市场人员并未接受过系统的专业市场管理培训，缺乏对市场调研和数据分析的熟练掌握。虽然在不同企业担任过品牌经理等职务，但他们市场调研、战略规划和品牌管理的专业技能并不足以胜任新职位。

相比之下，内部转岗更具优势，因此这里建议大家采用这种方式来确定市场部人员。企业对内部员工的素养、工作习惯和潜力有充分了解，能够更准确地评估他们是否具备市场部人员所需的素养。内部员工通常更符合企业的文化和价值观，通过培训和指导可以弥补他们在专业技能和经验方面的差距。如果企业可以提供系统的专业课程培训，例如品牌管理、市场调研和新产品上市等，便可以让内部转岗人员迅速适应市场部的工作要求。

在选拔市场部人员时，企业可以通过以下标准进行筛选：

1. 了解品牌理念，掌握品牌管理的基本方法

了解品牌理念，掌握品牌管理的基本方法，是市场部人员筛选的重要标准。市场部要确保品牌的形象、价值和定位与企业的战略目标保持一致，并与目标消费者的需求相契合。因此，具备扎实的品牌管理知识和理念对市场部人员至关重要。

对于那些从内部调岗进入市场部的人员，如果缺乏专业的品牌管理知识，可以通过参加系统培训来弥补。

2. 以客户为导向，负责研究消费者需求

若市场部人员缺乏以客户为中心的思维，无法从客户的角度观察和分析市场信

息，那么他们开发的产品就可能脱离实际，无法满足目标客户的需求。

宝洁公司经常会要求市场部人员，以亲自入户的方式开展市场调研工作。我在一次调研中，来到一位消费者的家中，这位消费者得知宝洁的调研人员即将来访，特意准备好所有脏衣服，等着一起来观察洗衣服的全过程。我耐心地陪同这位消费者进行了长达八个小时的观察、访谈，详细记录她如何分类衣物、使用洗衣粉的量，以及如何操作洗衣机。在观察过程中，发现这位消费者的洗衣粉用量并不符合通常的建议，因为她觉得用更多的洗衣粉才能确保衣物洗干净。

在整个访谈期间，在观察之外，还询问她为何会选择这个牌子的洗衣粉，并且倾听她的其他想法。在这次长时间的访谈中，不仅记录了消费者的使用习惯，还发现她在使用洗衣粉过程中所遇到的各种问题。通过这次面对面的入户访谈，不仅掌握了消费者洗衣服的详细过程，还得以深入了解消费者在选择和使用产品时的真实想法。这种换位思考的过程，能够从消费者的角度发现潜在问题，并对产品开发和市场策略的调整提出建议。

通过不断获取客户反馈，市场部能够识别产品中的不足。与客户保持互动，可以让市场部全面了解客户对产品的看法，以及他们对未来产品和服务的期望。这不仅可以帮助企业不断优化产品，还能为企业品牌的长期发展提供方向。因此，市场部人员需要达到"以客户为导向，愿意聆听，换位思考，善解人意"的标准，这样才能更好地开展相关工作。

3. 思维活跃，敢于突破创新，有科学精神，基于事实与数据

市场部要想产品能够与不断变化的市场需求相匹配，相关的人员便需要具备灵活的思维和大胆创新的精神，并能够在科学数据的基础上准确判断。

通过系统的数据收集和调研分析，市场部可以准确了解消费者的行为模式和需求变化，为产品开发和市场推广提供有力支持。例如，市场部人员通过定量和定性调研，识别产品需求，并运用科学工具进行数据分析，可以为市场部的策略制定提供必要依据。

4. 有理想，有情怀

市场部人员还需要"有理想、有情怀"，这意味着他们应该具备超越个人利益

的追求和热情，愿意为企业的发展贡献自己的才智。

市场部的工作不像销售部那样"立竿见影"，马上能看出成果。所以市场部人员必须要耐着性子进行钻研，沉下心去做规划。这就要求市场部的人员要有理想、有情怀，只有这样，大家才不会只关注短期收益，而是怀有更长远的职业目标与热情，愿意投入时间与精力，为企业发展贡献力量。

总体来说，通过上面五个主要步骤，便可以制定出市场部的组织架构，一步步打造起一个强有力的市场部，为企业发展提供源源不断的动力支持。

第三章

产品思维，市场部职能 1.0

  "基业长青"并非单纯依靠单一产品的成功，而是要依靠企业的整体战略、产品创新、市场适应能力和有效的生命周期管理。在竞争激烈的市场中，只有通过持续的产品更新换代，并通过精确的规划和执行，才能让企业在市场中保持持续竞争力，实现持续发展的目标。

01

从认识产品到认识
用户

市场营销的关键是满足顾客的需求，而不是仅仅推销产品。

　　产品是营销之本，如果不被消费者认可，那么花再多钱通过广告铺渠道也是没有意义的。

　　在过去，由于物质匮乏，人们的需求主要集中在衣、食、住、行等基本生存需求上。进入 20 世纪 90 年代后，随着经济发展和生活水平的提高，人们开始更加注重生活质量，需求逐渐转向高品质的产品。

　　那么到底什么是产品呢？

　　前面提到过，市场是一个具有相同或相似需求的人群集合，需求是市场存在的决定因素，没有需求，市场便不存在。产品同样与需求有关，它是满足客户需求的一整套完整解决方案，其目的在于满足客户的需求。品牌看似与需求没有直接的关系，但事实上品牌也在满足着客户的精神需求。

　　产品与品牌相互依存，但它们所承载的价值却有所不同，如图 3.1 所示。

　　—— **市场**：一个具有相同或相似需求的人群集合

　　—— **品牌**：企业提供给客户的精神价值的载体

　　—— **产品**：产品是满足客户需求的一整套完整的解决方案

图 3.1　市场、品牌与产品的概念

　　产品承载的是一件商品在功能层面的价值，而品牌则承载的是这件商品在精神体验层面的价值。以知名品牌奢侈品包为例，其生产成本可能不足 1 000 元，售价却高达万元，仍然让许多消费者趋之若鹜，这就是品牌的价值。

　　除了相互依存外，品牌与产品还存在一层促进关系：品牌的形成需要产品的塑造。奔驰之所以能够成为一个享誉全球的汽车品牌，就是因为在一百多年的时间里，奔驰推出了许多畅销车型，通过一款款汽车产品，逐渐积累起口碑，打造出品牌。

在企业中，品牌与产品、产品与产品之间的关系，可以通过"船模型"来阐释，透过这一模型，我们既能了解品牌与产品之间的关系，也能认识到产品管理的必要性与重要性。

在"船模型"中，品牌与产品结合在一起就像是一个航母编队，品牌是编队正中央的航空母舰，产品则是围绕在航母周边的舰艇。每一艘舰艇都是一条产品线，上面"搭载"着三种不同类型的产品，即船头产品、船尾产品和船舷产品，如图3.2所示。

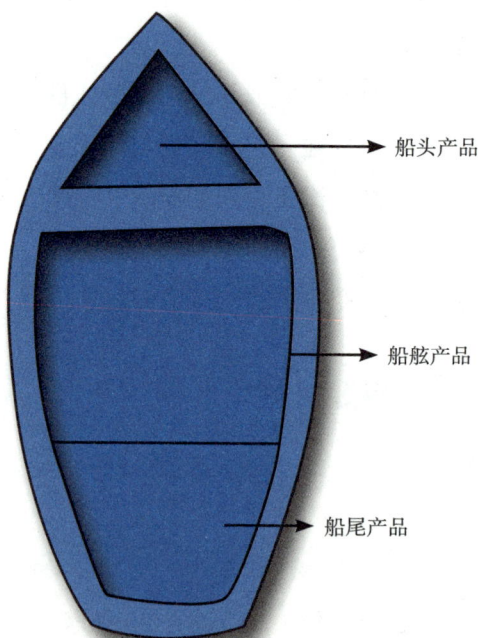

图 3.2 产品"船模型"图

一、船头产品

船头产品，简单来说，就是产品线中最引人注目、最具吸引力的产品。生产这类产品通常不是为了冲销量，而是为了吸引客户的眼球，提升品牌形象。举个例子，某品牌推出了一款售价超百万的车型，这款车具备了多项独特功能，是该品牌的船头产品。尽管其销量远不及其他车型，但它成功吸引了客户的注意，树立了品牌形象。客户因为这款车的独特性而被吸引过来，即使最终购买的是该品牌的其他车型，这个船头产品也起到了很好的引流作用。

从这个例子可以看出，船头产品通常是拥有强烈的独特性或科技先进性的产品，而且价格较高。尽管船头产品本身可能卖得不多，但它却可以提升品牌的高端形象，吸引客户的注意力，从而带动其他产品的销售。船头产品的作用不仅在于吸引客户，还在于帮助品牌在行业中保持 C 位（中心位置）。市场上各行业中的品牌竞争异常激烈，一个成功的船头产品能让品牌在行业中脱颖而出，占据中心位置。那些没有强力船头产品的品牌则会逐渐被边缘化，甚至淡出消费者的视野。

因此，企业必须重视船头产品，确保品牌在市场中始终保持竞争力。

二、船尾产品

船尾产品通常是指那些已经经过市场检验的成熟产品。它们在市场上销售了一段时间，消费者对这些产品非常熟悉。换句话说，船尾产品就是企业中的走量产品，它们最大的特点就是销量大，能够为企业带来稳定的现金流。

每个企业都有这样的船尾产品，这些产品已经销售多年，可能每年都会进行小幅升级，但其核心特性一般都保持不变。这类产品虽然看起来不如船头产品那么亮眼，但它们却是企业销售的中坚力量。

不过，由于船尾产品毛利比较低，同质化严重，与市场上其他类似产品差别不大，仅靠它来维持企业的生存是不够的。如果企业只有船尾产品而缺乏船头产品，最终结果就是利润率低，靠与对手展开价格战来获得销量，最终品牌逐渐被边缘化，企业也变得越来越难以在市场上立足。

三、船舷产品

船头产品毛利高但销量低，船尾产品销量高但毛利低，仅靠这两类产品，企业很难实现可持续发展。因此，在企业的产品线中，还需要有一类产品，即船舷产品。船舷产品是一类个性化产品，它们针对特定客户群体开发，满足他们的独特需求。

　　船舷产品的特点在于其销量和毛利均为中等水平。这使得它们在企业产品线中扮演了均衡角色，可以为企业带来最高的综合毛利。此外，由于这些产品具有强烈的个性化特征，消费者对价格的敏感度较低，只要产品能够完美契合需求，他们便愿意为之买单，所以销量也比船头产品好一些。

　　通过船头、船尾和船舷产品的合理搭配，企业便能够构建一个健康、可持续发展的产品体系，满足不同客户群体的需求，确保自身在市场中的竞争力。

02

产品管理四步法

产品管理不仅是让产品发布出来，更重要的是不断改进，直到它成为市场上更好的产品。

尽管企业已经拥有了船头产品、船舷产品和船尾产品，但企业依然需要不断进行产品开发。这是因为市场和技术的快速变化会使企业现有的产品在一段时间内失去其独特性和吸引力。

一、产品管理的必要性

通常来说，船头产品大约能维持一年的吸引力，之后就会因市场竞争和技术进步而变得不再那么独特。此时，企业必须及时更换船头产品，而之前的船头产品则会转变为船尾产品，继续在市场上销售，其核心价值已从吸引客户变为提供稳定的销售额。

船舷产品其实也面临着类似的问题，这些产品最初具有很强的个性化特征和市场吸引力，但竞争对手的模仿和改进会使其逐渐失去竞争优势。因此，企业需要不断更新和升级船舷产品，以保持其市场竞争力和客户吸引力。

船尾产品同样需要定期进行评估和调整。这类产品种类繁多，其中一些可能已经变得毛利极低，甚至亏本。这时候，企业需要淘汰这些不再盈利的产品，同时将过去的船头和船舷产品纳入船尾产品的行列，以保持产品线的健康和可持续发展。

产品管理的必要性便在于对这些不同类型的产品进行持续监控、更新和优化。企业需要通过产品管理来完成更换船头产品、升级船舷产品、调整船尾产品等工作，以确保整个产品线的竞争力。这一过程就像是对一艘船进行维修和保养，目的在于确保它能够稳定地向前行驶。

为了有效管理这艘船，企业需要建立专门的组织——产品小组。通常，一个产品线至少需要三个小组来分别负责船头产品的开发、船舷产品的升级和船尾产品的调整。如果缺乏这些专门的小组和系统的产品管理，企业将难以在快速变化的市场中保持竞争力。

船头产品失去吸引力，船舷产品被超越，船尾产品积压过多，都会导致企业的市场表现下滑。因此，科学的产品管理不仅是为了应对市场变化，更是为了确保企业在市场中长期稳定发展和成功。

这就是为什么产品管理是市场部的第一项基本职能。

二、产品管理究竟该怎么做

产品管理是一个涵盖了产品从概念到上市再到退市全过程的综合性工作，市场部在这一过程中发挥着关键作用，是确保产品能够成功满足市场需求，并获得持续的市场竞争力的重要保障。

企业的产品管理主要有四个方面的工作要做，即需求研究、产品规划、新产品上市和产品生命周期管理，如图 3.3 所示。

图 3.3　产品管理四步法

1. 需求研究

需求研究是产品管理的第一个步骤，通过对客户的观察和调研，市场部能够识别客户的关键痛点，发现客户的需求所在。

市场部门就要更换各种各样的方式，跟客户进行聊天，找到用户的需求反馈，菲利普·科特勒曾经说过，市场营销最核心的内容只有八个字：发现需求，实现需求。

在这一过程中，通过定性调研方法，市场部可以了解客户的行为和心理动机，挖掘深层次的需求，生成三级需求库。同时，市场部要利用定量调研手段，量化客户需求，识别市场机会和潜在的产品方向。

2. 产品规划

产品规划是产品管理的第二个步骤，通过市场细分与评估，市场部要制定出产品匹配策略和上市计划。

在这一过程中，市场部要根据客户特征和购买行为，将市场划分为若干细分市场，明确目标客户群。在此基础上，基于细分市场的需求，确定产品的市场定位和独特卖点，确保产品具有竞争优势。接着，制定产品策略，确保产品能够成功推向市场。最后，编制详细的产品上市时间表和行动计划，协调研发、生产、销售等各部门的工作，确保新产品按计划上市。

3. 新产品上市

新产品上市是产品管理的第三个步骤，通过规范的新产品上市流程，市场部要确保产品在市场上得到认可。

在这一过程中，市场部要识别与定义好目标市场，而后要根据客户的认知需要，收集客户的需求，以及对客户进行访谈，

做好概念开发工作，定义客户价值。这之后，市场部还要将新产品在品牌、功能、包装、价格等方面的价值通过广告与促销、销售与服务传递出去，让客户能够接收到。最后市场部还需要做好跟踪与调整工作，对进入市场的新产品以及消费者的态度进行持续分析。

4. 产品生命周期管理

产品生命周期管理是产品管理的第四个步骤，通过科学的生命周期管理，市场部可以优化产品结构，确保产品线的健康和可持续发展。

在这一过程中，市场部要应用产品生命周期模型，分析产品在概念期、导入期、成长期、成熟期和衰退期的表现，制定相应的策略。同时还要利用销售量市场份额（market share unit，MSU）模型，评估产品的市场份额和盈利能力，优化产品组合。定期评估产品表现，及时淘汰不再符合市场需求的产品，确保资源集中于高潜力产品。同时，持续关注市场变化和技术进步，推动新产品开发，确保产品线始终具有竞争力。

通过这四个步骤，市场部便能够系统地管理产品的整个生命周期，从需求研究到产品退市，确保产品能够持续满足市场需求并保持竞争力。这四个步骤将会在下文展开介绍。

03

从创意到新产品的
诞生

必须从客户体验出发，再回到技术，而不是反过来。

产品总是日新月异的，就像二十年前，很少人认为手机可以取代电脑的大多数功能，二十年后的今天，智能手机的出现不但取代了电脑的部分功能，更取代了钱包、地图等。产品要跟上时代，要依托科技，更要应对不断变化的客户需求。

想要做出好的产品，就要充分了解客户的需求。每一个产品经理的生活环境和经历都不可能完全与目标客户群一致。因此，没有谁能够仅凭主观判断，在办公室里就完全理解客户所有的需求。

需求是动态的，一个需求被满足后，新的需求又会迅速出现。客户会从一个问题转移到另一个问题，进而持续提出新的需求。为了紧跟客户的步伐，唯一有效的方法就是进行需求研究。

通过科学的方法和系统的研究，我们可以全面了解客户在使用产品和服务时遇到的各种问题，以及他们希望解决的种种难题。因此，企业产品管理的第一步就是需求研究。

一、什么是需求

需求是客户为解决某个主观或客观问题而产生的方法设想，是解决生活中各种问题的欲望与改善或提高生活现状的期望。

在这一概念下，需求可以进一步分为两种类型：认知型需求和感知型需求。

1. 认知型需求

认知型需求，也称为理性需求，是基于具体问题产生的功能性需求。这些需求是客观的，可以通过具体的功能或特性来满足。例如，一些客户需要智能手机拥有快速的处理器和足够的内存来保证流畅的使用体验，这是对手机性能的一种需求；一些客户在购买汽车时，会考虑车辆的安全性能，如防撞系统、气囊数量等，这是对汽车安全性能的需求。这些都是可以量化的具体问题，通常都有具体的衡量标准，能够调整和改进，如图 3.4 所示。

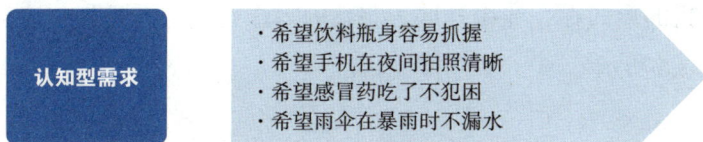

图 3.4　用户认知型需求图

2. 感知型需求

感知型需求，也称为感性需求，是基于用户体验产生的非功能需求。这些需求通常涉及美感、舒适度、亲和力等主观体验。例如，一些客户希望他们购买的电子产品或家具产品拥有吸引人的设计和外观，这是他们对美观性的一种需求；一些客户在购买服装时，希望能获得一种舒适的穿着体验，这是他们对舒适度的一种需求。美观、舒适这些主观体验，都没有统一的标准，也就是说，这些感知型需求都是难以通过具体的功能或特性来定义和衡量，如图 3.5 所示。

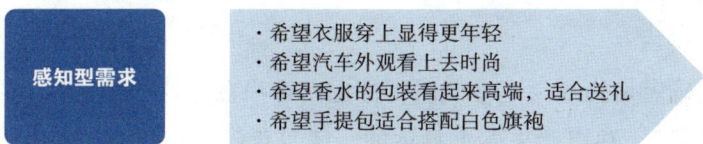

图 3.5　用户感知型需求图

在产品管理中，需求研究需要回答两个核心问题：客户的需求有哪些，以及这些需求的排列情况。

产品规划则是在需求研究的基础上，了解客户的需求满足紧迫程度，结合公司实际情况和发展方向，制订企业未来 2~3 年的产品上市计划。

需求研究与产品规划是产品创新成功的关键。有一些企业偶尔也能凭借创意成功推出一两款产品，实现短期的成功。但如果企业想周期性开发出一个好产品，原有的产品开发模式就无法实现了。

二、需求研究与产品规划的操作流程

在现代企业组织管理中，目前成功率较高的做法是采用矩阵式管理模式建立项目团队，以项目的形式在企业中开展。完整的需求研究与产品规划流程包括以下六个环节，如图 3.6 所示。

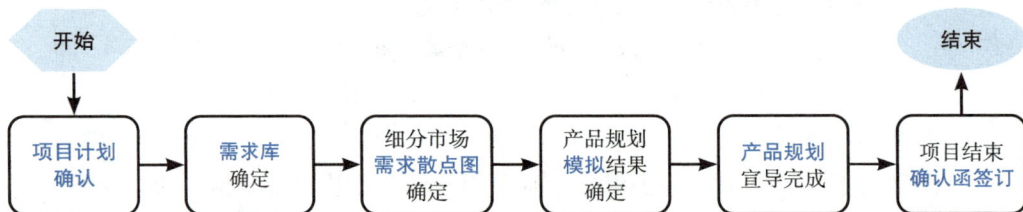

图 3.6 需求研究与产品规划流程图

1. 项目计划确认

项目计划确认是项目管理的标准步骤，项目经理依照项目管理操作规范撰写项目计划书，并召开项目启动会。宣导项目目标，让项目组成员明确项目计划、工作分配以及时间排期。

2. 需求库确定

需求库的确定是指通过定性调研，挖掘出客户在生活中使用相关产品遇到问题时的"记忆片段"，并以此来确定具体的、场景化的三级需求。记忆片段包含遇到问题时的人物、地点、场景以及相应的冲突矛盾，如图 3.7 所示。比如，一个客户在访谈中说："上个月在篮球场与朋友打篮球时，眼镜被别人不小心打碎了，差点伤到眼睛。"这就是一个简单的记忆片段，包括了人物、地点、场景和问题矛盾等要素。

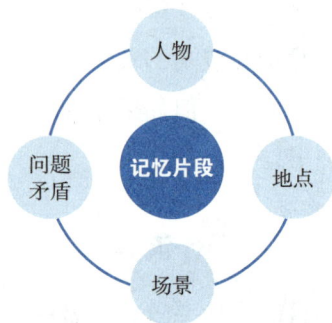

图 3.7 产品记忆片段要素

通常来说，可以通过市场调研公司来完成这部分的调研。在这一过程中，制定访谈大纲、执行深入访谈是两项非常重要的工作。

为了保证不同访谈人员的访谈水平大致相同，通常会共同制定一个深度访谈大纲。这个大纲提供了一个参考框架，确保访谈能够覆盖预期的主题和问题，同时也允许访谈人员根据具体情况灵活调整。图 3.8 是一个深度采访大纲的示例。

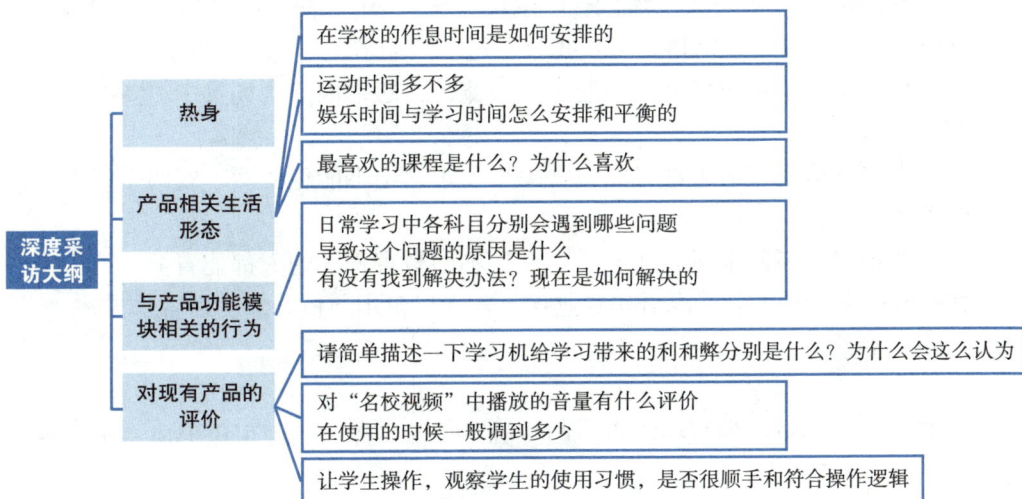

图 3.8　深入采访大纲示例

根据调研公司输出的访谈内容，通过系统化的收集和整理，最终会形成一个全面的需求库。图 3.9 便是一个需求库的示例。

一定能根据单词的特点来推荐记忆法	一定可以帮助学生存储复习进度，下一次复习时可以从其他地方开始
一定要能提供奖惩方法激励用户记单词	一定能帮助用户测试记忆力
在记单词时能够附加上对应的实物图以帮助记忆	一定可以根据学习阶段来提供单词学习难点
一定要有针对长单词的记忆方法	一定能针对易错的单词提醒用户加强记忆
一定要能对记忆效果进行测评	一定能让用户标记重要和难记的单词
一定要能帮助用户听写单词（听英文写中文或听中文写英文）	一定要根据用户的能力给出合适的单词学习内容
	在查单词的时候一定要提醒用户区分拼写相近的单词
一定要能够在早读时帮助用户记住单词	一定要提供单词的因素辅助记住读音
一定能让用户随时随地温习单词（如坐车、走路、起床、睡前）	必须按单词在高考中出现的频次来分类
提供的背诵方法一定要适合用户	一定要告诉用户单词背后的文化背景

图 3.9　三级需求库示例——记忆单词的方法

需要注意的是，需求库中的需求都应是三级需求。所谓三级需求，就是在客户高度概括、模糊不清的需求之下，进一步深挖，得出的一种具体的、场景化的需求。一般来说，这些三级需求要具有问题化、场景化、无歧义、通俗化的特征。

> **问题化**是指这个需求是为了解决某种问题，而不是针对某个问题的解决方案。要区分"问题""需求""解决方案"，不能简单地从客户口中得到解决方案。其描述的格式为：我希望这个产品解决 _____ 的问题。
> **场景化**则是指所提取的问题不能太笼统，必须回归到场景中，要把问题具体化。
> **无歧义**是说各需求都只能包含一个要求，绝不能包含两个或两个以上的要求。
> **通俗化**是指需求所表述的语言要让不同教育程度的人都能看懂，所以在提炼时要少用方言、成语和专业化语言，尽量用通俗易懂的语言来描述。

将具备了上述特征的三级需求，归总到一个需求库中，便可以形成一个完整的需求库。

3. 需求散点图确定

在完成需求库建立后，需要通过需求双度模型将消费者在接触产品过程中遇到的各类问题进行归总与排布。这些步骤将由调研公司进行，完成定量调研工作，并从是否重要、是否满足两个维度来划分这些需求，最终形成需求散点图，如图 3.10 所示。

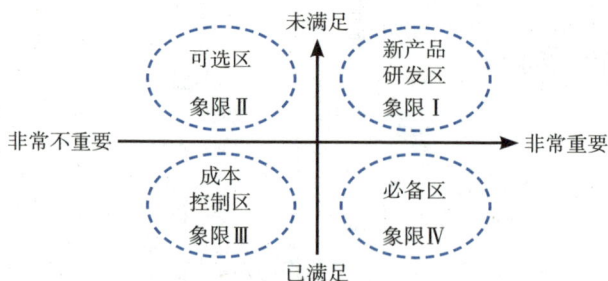

图 3.10 消费者需求研究模型

在这个模型中，需求被分成了四个象限，见表 3.1。

表 3.1　找出品牌建设的方向

象限Ⅰ：研发区间	即重要而未满足的需求所处区间，可选择成为新产品研发方向
象限Ⅱ：可选区	即不重要而未满足的需求所处区间，可选择作为产品的新奇卖点，往往成为利润来源
象限Ⅲ：成本控制区	即不重要而已满足的需求所处区间，产品可不用满足此区间内要求，因此成为产品成本控制区间
象限Ⅳ：必备区间	即重要而已满足的需求所处区间，也是产品的质量控制区间

在象限Ⅰ中，是重要却未满足的需求，也就是说，在这个区间中的需求是客户认为重要的，但市场中尚未有产品能满足的。对于这类需求，企业需要高度重视，它们将成为企业新产品开发的"指南针"。借由这类需求开发出的产品，大多会成为企业的船头产品，如果能够成功开发出满足这类需求的产品，便可以填补行业空白，引领行业创新，领先于竞争对手一大步。

在象限Ⅱ中，是不重要且未满足的需求，在这个区间中的需求是客户认为不重要，且市场中还没有产品能满足的。这类需求通常是与产品细节相关的需求，借由这类需求开发出来的产品，多为企业的船舱产品，将会成为企业新的利润增长点。

在象限Ⅲ中，是不重要且满足的需求，在这个区间中的需求是客户认为不重要，且市场中已经有产品能够满足的。一般来说，企业不必过多关注这类需求，要对内部产品做好成本控制，不要在满足这类需求的产品上浪费太多资金和资源就可以了。

在象限Ⅳ中，是重要且满足的需求，在这个区间中的需求是客户认为重要，且市场中已经有产品能够满足的。满足这类需求的产品多为企业的船尾产品，企业可以将这些需求作为更新升级企业自有产品的依据，通过不断完善产品功能，实现企业品牌价值的提升。

4. 确定产品规划

当完成前面的需求研究工作后，企业需要结合实际情况和发展方向，制订出未来 2~3 年的产品上市计划，即产品规划。之所以将产品规划的周期定为两年，是因

为客户需求在正常情况下不会迅速改变，两年的规划期能够确保企业有足够的时间
开发和优化产品，以满足客户的持续需求。

表3.2 产品规划示例（以某洗护品牌为例）

类型	2019年					
	1—2月	3—4月	5—6月	7—8月	9—10月	11—12月
战术型新产品 （基于重要需求）	解决差旅携带便携性问题		洗发水颜色必须是透明的		必须具有清新的香气	
		解决家庭不需要经常更换的问题		绝对可以一周洗一次头		彻底解决头发毛燥问题
战略型新产品 （基于重要需求）	必须是泡沫型性质的洗发水			洗发水绝对不含刺激性成分		
产品管理 （基于不重要、已满足需求）			整理产品：减少产品规格，删除部分产品的功能			整理产品：减少产品规格，删除部分产品的功能
类型	2020年					
	1—2月	3—4月	5—6月	7—8月	9—10月	11—12月
战术型新产品 （基于重要需求）	彻底解决去屑问题		洗发水包装必须是卡通风格		焗油膏必须在常温下也能实现焗油效果	
		洗发水包装必须可以用尽最后一滴		洗发水包装必须是高档奢华的风格		洗发水必须能够个人定制包装图案
战略型新产品 （基于重要需求）	必须是泡沫型性质的洗发水			洗发水绝对不含刺激性成分		
产品管理 （基于不重要、已满足需求）			整理产品：减少产品规格，删除部分产品的功能			整理产品：减少产品规格，删除部分产品的功能

　　表3.2展示的是某洗护品牌的产品规划，有了这样一个计划，在两年的时间周
期内，各个产品小组便可以按部就班地开展工作。

5. 产品规划宣导

　　产品规划工作完成后，需要做的便是将产品规划的具体内容在企业内部相关部
门进行宣导，以便后续共同开展工作。

6. 项目结束确认

在整个需求研究与产品规划项目完成后，需要按照项目管理的方法，签订项目结束确认函，并做好资料文件的归档工作。至此，一个完整的需求研究与产品规划项目正式宣告结束。

总体来说，通过系统的需求研究，企业能够全面了解客户的各种需求，更精准地制订产品开发计划，确保新产品能够有效解决客户的主要问题，为后续的产品上市与管理提供科学依据，进而提高产品的市场成功率和竞争力。

需求研究与产品规划是产品管理中非常重要的一部分，同时，也是初级市场部工作的基础。

04

新产品上市模式

成功的秘诀在于找到那些既有需求又未被满足的市场。

在产品管理中，新产品上市是第三个关键工作，需要在需求研究与产品规划工作完成后进行，要基于这两项工作的成果，利用新产品上市模式来完成。

一、什么是新产品上市模式

一般来说，一款产品在市场中的生命周期可分为引入、成长、成熟和衰退四个阶段。在成熟期或衰退期，企业必须积极采取措施来延长产品生命周期，确保市场竞争力和持续的收入来源。

如果企业不能开发出新产品，当市场竞争加剧时，销售额和利润将会下降。此外，技术和市场的变化或其他公司的创新也可能会使现有产品逐渐被淘汰。因此，开发新产品对企业的长期生存和发展至关重要。

然而，新产品的失败率高，失败的成本也很大。新产品开发是一项高成本的任务，并非每个创意都能最终成为成功的产品。因此，大量投资可能会花在那些永远无法产生回报的产品上，这进一步增加了企业的风险。

据调查，超过 70% 的企业新产品上市成功率仅有 3%，而国际成功企业的成功率则为 64%。究其原因有以下三点：

第一，部分企业忽视了需求研究与产品规划的重要性，不注重市场调研，经常"闭门造车"。

第二，部分企业对新产品上市缺少规划，没有科学完善的开发流程，主观随意性较大，经常出现"想当然"的情况；

第三，很多企业对新产品上市流程与方法存在认知错误，不知道如何正确开展新产品上市工作。

为了有效应对这些问题，新产品上市模式应运而生。这是一套以概念为核心的高成功率的新产品上市模式，通过科学的方法，让前端部门与后端部门连成一体，完成从概念诞生到产品上市全流程工作。

一方面，新产品上市模式以客户为导向，以产品概念为起点，强调跨部门的协作，为客户带来新的解决方案，带来更好的体验；

另一方面，新产品上市模式立足于系统的需求研究，能够真正深入洞察客户不断变化的需求，开发出符合客户期望的产品，持续满足市场的需求，保障企业在市场上的竞争力。

那么新产品到底是什么呢？经过宝洁公司长期的实践，我们可以看到无论是价格、功能、包装还是品牌宣传，这些其实都不是新产品的本质，前面曾提及：产品是一整套解决方案，所以新产品的本质其实是用一个什么样的新解决方案，为客户带来更好的体验。

基于新产品的本质，也会发现这个"新"不一定需要很高深、很领先的技术，甚至很便宜的价格。最主要的是能够给客户带来更好的体验，所以新产品上市的分类主要分成两个大类：战术型新产品和战略型新产品。

战术型新产品是指在原有产品上针对客户需求进行的小的改进或升级，主要有四种类型，如图 3.11 所示。

· 新的产品类型（flanker）
· 同类产品，新的规格（line extension）
· 同类产品，新的功能 / 概念 / 外围性能（upgrade）
· 同一品牌，新的品牌形象（re-launch）

图 3.11　战术型新产品分类

战略型新产品是针对客户需求进行的革命性的创造，主要包括两类内容，如图 3.12 所示。

新品牌旧品类 ——————— 旧品牌新品类

图 3.12　战略型新产品分类

宝洁公司的许多深受消费者欢迎的产品就是这样问世的，比如洗发护发合一的飘柔洗发水，还有既能保鲜又不易破碎的品客薯片罐装包装方式等。宝洁公司为了长久保持研发部门的活力，不但建立了强大的数据库，更是制定两条"铁律"，作为连接实验室与超市之间的纽带：

第一条规矩是——任何新产品都必须取得消费者的需求支持数据。

宝洁利用企业文化的力量，以及部门负责人的积极影响，使所有研发人员达成共识，即作为一名合格的研发人员，必须精准地掌握消费者的需求，不是我们要卖什么给他们，而是他们需要从我们这里得到什么。消费者调研一直是宝洁最重要的工作之一。

第二条规矩是——研发部必须与营销部门联动。

宝洁的研发人员，按照产品类别的管理方式，分布于各产品类别事业群而不是一个独立的、远离市场的部门。在每个事业群里，研发人员根据营销报告，与营销人员充分互动。新产品诞生或者老产品改良，灵感可能来自营销的第一线。

当我们惊讶于宝洁品牌奇迹的时候，更应该发现宝洁的大部分产品都能切中要害，这让消费者的需求欲望逐渐转为对宝洁的依赖习惯，而这些都来源于最前沿的市场数据和对消费者需求的精准把握。

二、新产品上市原则

新产品上市并不是一场赌博，宝洁推出一个新产品，一般会花半年的时间做市场背景研究，进行数据分析，上市可行性确认，产品格调调研，包装、价格调研等要素的跟踪调查，然后才能确定新产品的概念。

而某些国内企业推出新品，往往是老板拍脑袋出创意，然后直接拍板定案进行生产销售。上市前没有充分的论证，上市中没有周密的计划，上市后缺乏及时的追踪。现在，很多新产品上市靠铺广告、打价格战、对经销商的诱惑性奖励来驱动新品牌成长等，这些做法已经严重影响到企业的品牌发展。调查表明，在中国，平均每小时就有两个新产品推向市场，平均每小时也有至少两个产品退出市场。无论是规模过百亿的企业还是白手起家的小作坊，新产品上市永远都是企业扩大经营战果的希望所在，同时也是吃掉企业内外部资源的黑暗沼泽。

新产品孕育着希望和未来，但新产品一旦失败，代价却是极其沉重的。据统计，新产品上市的成功概率在 5% 以下，一般新产品持续的时间约为 9 个月，平均一次新产品上市损失达 1 500 万 ~ 5 000 万元。

面对充满机遇与风险的新产品，各家公司相继开展了对于新产品上市规律的研究与开发。宝洁身处竞争激烈的日化市场，新产品上市的管理流程是众多工作流程中十分重要的一项，在过去的几十年中，宝洁建立了标准化的新产品上市流程，并三次对流程进行了修改，以适应市场环境的变化。市场的结果显示，标准化的新产品上市流程，大幅度提高了成功的概率。

在实践中，有八项基本原则贯穿在整个新产品上市流程中，这八项原则被证明是新产品上市成败的关键

原则一：不把新产品当作当年销售的增长点

这是一个关键的战略问题，新产品正如一个新生的孩子，它的价值通常体现在上市 12 个月以后。虽然上市后多少都会带来一定的销售增长，但是如果把它作为年度销售目标的必要组成部分的话，就极可能导致为了实现目标而急功近利、拔苗助长。因此，要极力避免以下三种情况的发生：

> 一是缩短上市准备时间。
> 二是减省必要的工作流程。
> 三是忽略产品的质量和完整性。

基于以上原因，新产品上市通常并不作为实现年度销售目标的一种手段而是作为为下一年度市场增长做的准备工作。这个工作原则是新产品上市的第一原则，如果违背，通常都会直接导致产品上市的失败。

原则二：建立一套以消费者价值为导向的管理流程

新产品之所以成功，从根本上来说，是因为客户发现它具有比竞争产品更大的价值。因此，正确地发现和定义新产品内涵价值就成为成功的关键。

许多企业组织新产品上市并非源于对客户的分析，而是源于技术或者是领导者个人的判断，并且多数并未在上市期间加以验证。这样就导致产品与消费者期望之间的错位。

为了避免这类问题的出现，宝洁在新产品上市流程中明确提出：**新产品的本质是产品概念。概念就是对消费者的一整套价值所在。** 在实际过程中，宝洁把开发产品概念作为整个新产品开发的第一步，产品开发及广告、渠道策划都以产品概念作为依据。

原则三：在开始市场营销前科学地预测销售额

在宝洁的上市管理流程中，分别有四次对产品上市后 12 个月内销售的预测，并且每次都基于量化的市场调研数据。基于四次预测，进一步对上市资源进行估计。实践证明，四次预测有效地减少了上市准备工作的盲目性并帮助减少与纠正上市中的错误决策。

许多企业在新产品上市的过程中，由于缺乏科学的方法，往往采取简单的推算法。例如，某企业准备推出一种戒烟产品，领导者认为，即使只有 1% 的吸烟者尝试了这种产品，也有两三百万人，以单价 100 元计，当年销售应该在 2 亿~3 亿元。但是实际上市后，失望随之而来。只有不到十万分之一的人尝试这个产品，两年的销售额只有可怜的 300 万元。

有位市场总监把这种上市过程生动地描述为：狂喜→觉醒→迷茫→悔恨→惩办五个过程。

原则四：建立一个独立的新产品上市小组，高层充分授权

传统的意识，使得许多企业核心领导总是干涉产品上市的各种重大决策，由于位高权重，权力替代了科学的调研与分析，而失败多源于这种经验与主观的判断。宝洁为了避免这类问题的出现，对市场中的每个关键环节，如概念开发、产品复合体、生产复合体、营销复合体、市场测试都建立以市场调研为基础的决策模型，通常产品上市都是由新产品上市经理直接依据数据作出决策。而高层管理者主要扮演一个支持者的角色，在需要资源与协调时给予帮助。

另外一个问题是上市组织的独立性。为了保证上市产品得到全力以赴的投入，

宝洁将新产品上市人员独立出来，形成类似小型事业部的组织形式并要求全体人员全职进行产品上市工作。这种管理形式避免了通常情况下厚此薄彼的常见问题。

在许多企业中，经常指派老产品的管理人员同时负责新产品上市。这种组织形式通常会导致当销售压力过大时，老产品因为有基础，增长容易而成为关注的重点，而新产品往往因此而搁置和延期，最终夭折。

原则五：导入项目管理制

新产品上市是所有营销活动中最为复杂与复合的工作，通常会涉及公司中的各个部门。为了保证复杂工作的质量，全面项目化的管理方式是十分必要的。

宝洁在上市流程导入全程的项目管理制，将所有工作模块分解为八十到一百项工作任务，以一个新产品上市计划将所有的任务进行统一规划。每个任务都事先安排好时间、负责人、资源估计及量化目标。在管理过程中，运用项目会议的方式，每完成一个任务都进行 QC（质量控制）质检工作。步步为营的管理方式使得上市工作有序而可靠。

与之相反的是，许多企业在上市过程中，采取走一步看一步的方式，以分散随机的方式管理各项工作，使得工作的可靠性与准确度严重下降，直接表现为上市时间严重拖延或者工作质量漏洞百出。通常也会使得预算超支。

原则六：在全国推广前，进行小规模市场测试

测试市场是宝洁新品上市中的规定流程，通常选择一至两个相对封闭的城市进行，测试期通常为 3 ~ 6 个月。通过对测试市场的分析，修正与改进营销办法。事实上，尽管 100% 地认真完成了准备工作，也有近 30% 的新产品在测试市场中会发现问题。宝洁的帮宝适婴儿尿片就是在测试市场中发现了产品概念方面存在的灾难性失误，从而避免了全国推广的巨大宣传损失。

原则七：使用量化的分析支持工具（市场调查与模型）

在上市过程中，从目标市场确定到测试市场评估，涉及近二十个关键决策点，任何一个决策点决策失误都会导致产品上市遭遇困难，为了避免出现问题，科学的分析支持工具被大量应用，例如：

·概念→概念测试与 CoT（commitments of traders，持仓报告）。

· 广告→ OAT（on air testing，空中测试）播放前测试。

· 产品复合体→ blind test（盲测）包装测试、香味测试。

· 目标市场确定→需求研究。

· 测试市场评估→早期品牌评估研究。

原则八：在上市准备期，发现不可克服的问题时应果断终止项目

在新产品上市准备阶段，由于对市场与产品有了逐步深入的了解，有近 20%的概率会发现一些不可克服的问题。这时，及时果断地终止项目往往是最为明智的选择，这会避免对企业造成巨大损失。许多企业的新产品管理者往往很难克服面子和环境的压力，即使发现问题也抱着侥幸的心理强行让产品上市，往往将一个原本200 万元的损失扩大为 5 000 万元。

宝洁在新产品上市流程中，以正式方式界定了多种项目终止的条件，并且对发现问题和及时终止的新产品经理给予褒奖，以鼓励客观务实的态度。在全球范围内，宝洁新产品上市的成功概率为 64% 左右；在中国，针对 15 个品牌的 100 多次新产品上市过程，成功概率高达 85%~90%。连续的新产品上市成功，造就了宝洁飞速的成长。在实践中，成功的规律慢慢得以总结，并迅速转化为具体的工作流程。

三、新产品上市模式的操作步骤

新产品上市不仅仅是推出一个单一的产品，而是一整套包括产品本身、包装、名称、价格、促销和广告等在内的综合解决方案，需要多个部门的通力协作，不能靠单个部门的孤军奋战。新产品上市模式正是为满足上述需求而设计的，以下是其具体操作步骤的关键路径图，如图 3.13 所示。

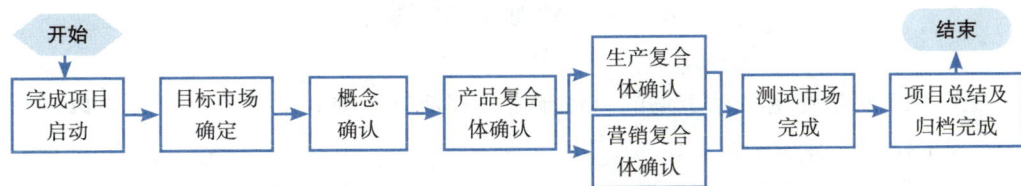

图 3.13　新产品上市关键路径图

1. 确定目标市场

项目启动是项目管理的标准步骤，在完成项目启动后，便可以开始新产品上市项目的第一项工作：确定目标市场。

确定目标市场需要通过消费者分析和市场分析来实现。目标市场指的是一群有相同或相似需求人群的集合，在这一过程中，企业需要搞清楚“自己的目标客户是谁”“要解决的需求是什么”这两个问题，如图 3.14 所示。如果前一阶段需求研究与产品规划工作做得很到位，在调研公司的配合下，确定目标市场时就会轻松许多。

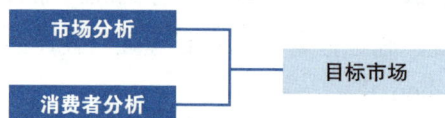

图 3.14　目标市场分析

确定完目标市场后，其实大家都想知道这个新产品在一切顺利的情况下，可以在一年内给公司带来多少的销量。这时可以用目标市场分析的方法，从市场总量现时或未来足够大、可操作、市场需求未满足或部分满足、可认知这四个维度对目标市场进行打分，来确定选定的目标市场是否有潜力。

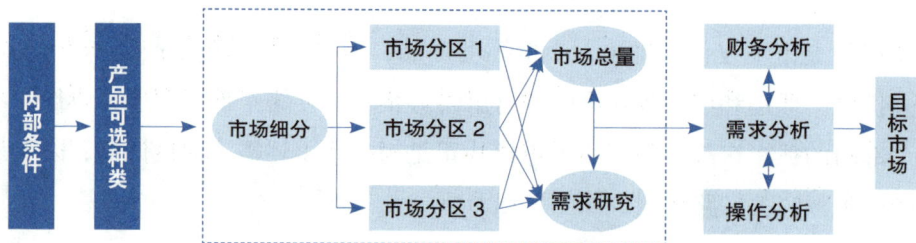

图 3.15　市场划分与需求研究

图 3.15 便是确定目标市场的具体步骤，完成这一流程的工作后，便可以进行下一项工作——概念开发了。

2. 概念开发

产品概念是营销者提供给消费者，使之购买自己产品的一个理由。这一定义中的理由主要包括两方面内容：

一是产品为客户提供的体验具体表现在哪个方面，是不是正好是客户所需要的方面；

二是产品为客户提供的体验具体好到什么程度，是不是达到了客户真正满意的程度。

概念不仅统一了企业内部思想，更重要的是为未来的产品成功做好准备，如果不能准确地定义新产品，客户将不会买单。所以在新产品开发中，最核心的就是概念。

一般来说，产品概念开发需要经历四个步骤，即需求分析、概念生成、概念测试和概念优化。

（1）需求分析

产品概念开发的第一步是需求分析，也就是对目标消费者的需求方向进行分析。目前我们并不清楚产品需要做成什么样子，能知道的是这次我们可以给客户带来的是哪个方面的体验，比如三分钟的补妆，可以使妆容变回早上刚化完妆的状态。

这里的分析最终从以下两个方面进行：

①**方向**，即新产品可以从哪个方面给客户带来好处；

②**程度**，即新产品为客户带来的好处可以好到哪种程度。

（2）概念生成

需求分析之后，便可以从精神诉求、功能诉求、功能支持点和特殊认知点四个方面进行概念生成工作，如图 3.16 所示。

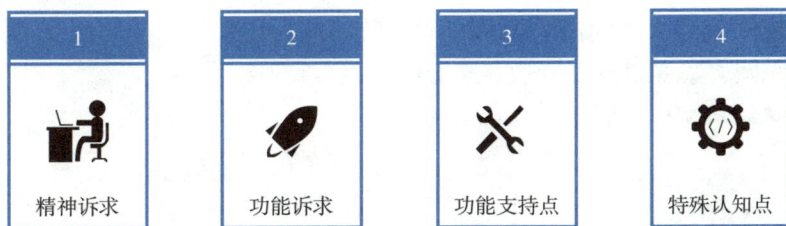

图 3.16　产品概念图

精神诉求：指的是产品给客户带来的一种心理感受，帮助客户带来体验感，产生共鸣。这方面更多是对产品附加价值的一种描述，即使用产品后客户产生的某些心理感受。比如，某款高档珠宝，它的广告语是"一生只送一人"，其精神诉求便是唯一的真爱。

功能诉求：指的是产品能够给客户带来的好处，以及好到什么程度，是产品给客户带来的直接利益。这方面是产品功能特点的直接表达，是产品能给客户带来的直接的物理体验，即要描述清楚产品能从哪个方面给客户带来好处，这种好处可以好到什么程度。

功能支持点：指的是产品能够如何给客户带来好的体验，是一种对解决客户需求问题新方案的描述。其与功能诉求相对应，功能诉求强调体验，而功能支持点则强调具体解决方案。

特殊认知点：指的是那些便于客户记忆、传播的口号、标志或是音乐等，较为常见的就是那些耳熟能详的广告语，相当于是对产品精神诉求和功能诉求的总结凝练，目的是让客户更好地记忆和传播产品功能。

概念生成示例如下：

精神诉求：下班后的家，是释放自我的天地。这里没有束缚，只有自由与舒适。

功能诉求：无论是坐姿还是躺姿，都能随心所欲，轻松转换。360度自由旋转，想停就停，享受每一个自在舒适的瞬间。

功能支持点：××座椅，支持手动与电动调节，轻松切换坐姿、躺姿或看电视模式，满足不同需求。独特的旋转功能，让您与家人和朋友的沟通更加亲密无间，享受每一个舒适、随心的时刻。

特殊认知点：家居生活，自由随心，舒适无界。

概念本质上是一个桥梁，连接了客户的需求或者体验和产品的解决方案，如图3.17所示。准确描述了需求体验和产品的关联性。概念将会作为营销复合体对外宣传统一的思想，所有的广告、促销都会围绕概念进行宣传，同时概念也会帮

助最后确定产品的解决方案是否合格。由于概念这种特性，使得它既具有营销的意义，又具有产品开发的意义，所以这就是为什么概念是新产品的核心。

图 3.17　概念的桥梁作用

（3）概念测试

通过概念生成工作，生成出多个概念后，还需要通过概念测试工作，来确定之后以哪一概念为基础来开发产品，以哪些概念为基础来推广产品，才能更好地打动客户，最大程度上去感染他们，让他们产生购买产品的欲望。

（4）概念优化

概念优化是对概念测试后选定的概念进行优化，即将其应用功能向外延展。比如，在广告宣传方面如何运用这一概念，在产品包装上如何运用这一概念等，与客户相关的东西都做一个推荐和界定。

总体来说，概念开发是新产品上市模式中至关重要的环节，这一环节工作完成的好坏，在很大程度上决定着新产品上市工作的成功与否。所以，一定要将概念开发重视起来。

3. 制定产品复合体

完成概念开发后，新产品上市的流程就进入下一步：制定产品复合体。这一步骤的主要工作是研发出能够显著提高客户满意度的产品，并进行测试。其中，产品复合体主要包括品牌、功能、包装、价格和非功能性这几方面的内容，如图 3.18 所示。

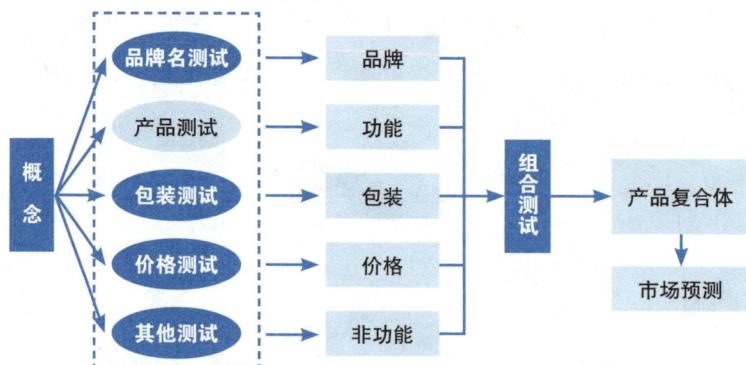

图 3.18　产品复合体的开发过程

　　将以上五个部分内容进行组合测试后，产品复合体就生成了，下一步可以进行一次市场测试。

　　新产品上市中会有四次市场预测，这里面里有几个评价指标：总体满意度、购买欲望（由肯定会买、可能会买、不一定、可能不买、肯定不买构成），每次的测试准确度将会越来越高，通过不断预估可以不断加强投资者对产品的信心，可以获得更高的推广费用，新产品成功率就会更高。

　　在这一步骤中，市场部起主导作用，同时也需要其他部门给予一定的支持，部门之间相互配合。

4. 制定生产复合体

　　完成产品复合体这一步骤的工作后，就进入到生产复合体制定步骤。这一步骤的工作主要是在确定生产标准的基础上，又快又好地生产出产品。在市场部之外，产供部和采购部也要参与到这一步骤的工作之中。其具体工作流程如图 3.19 所示。

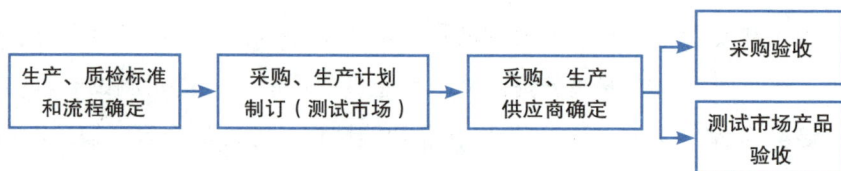

图 3.19　生产复合体流程图

5. 制定营销复合体

营销复合体主要由以下几个板块生成：广告（推广）、促销、公关、渠道、服务。完成生产复合体后便可以开展营销复合体的工作，在这一步骤中，市场部需要在销售部的配合下，从广告、促销、公关、销售和品牌管理等方面，完成新的营销计划制订。

广告是营销复合体的核心板块之一，通过多种媒体渠道进行产品的宣传推广，目的是让目标消费者了解并认知新产品。在这个时候我们需要对新产品的广告进行测试，找出最佳的投放广告。广告的功能在于：推介产品、建立品牌和引导购买，是为了吸引更多的购买者，提高重复购买量或者增加顾客的心理满意程度。

- ·制作出来的广告能不能达到预定目标？
- ·广告脚本的内容，哪些被消费者看好，哪些不被消费者看好？
- ·哪些广告的内容需要进行修改，应该进行怎样的修改？
- ·具体的脚本投放市场后，有怎样的市场预期，将能获得怎样的市场回报？
- ·哪个广告值得企业耗费巨资进行投放呢？

要回答以上这些问题，就要请目标消费者来进行评判，从消费者的角度来预先衡量广告本身可能产生的效果。

克劳德·霍普金斯尤其注重广告投放性测试，他从来不会在一种洞察或者猜想上花费太多的金钱。在大量投入广告之前，他会比较十几个小广告，然后挑出最好效果的广告。

一则真正有效的广告，需要经过严格的测试，才能开始进一步投放。广告的投放往往会占用大量的资金，如果没有经过测试就投放到媒体，就极可能造成企业花费了大量的精力，却达不到最终想要的效果。

广告测试一般有以下几种方法：

第一种方法是即时测试法。即时测试法就是通过现场对观众直观印象的测量，来评价广告实效的一种方法。

最常见的是将测试者集中起来，首先呈现给被测试者几个产品领域的品牌，其中包括正在被测试的品牌。接着要求被测试者现场观看广告，要求被测试者在模拟商业环境中写下自己所偏爱的品牌。

在播放广告的时候，可以不断暂停，要求被测试者说出自己对这部分广告是否感兴趣。大部分测试者关注程度都很高的那部分广告，就是有效的；相反，大部分观众都不感兴趣的那部分广告内容，则是无效的。

最新的研究表明，对广告整体兴趣的评价，高于对广告特殊部分的评价，也就是说，对一则广告整体产生兴趣的实际效果，要大于对广告某个高潮部分感兴趣的实际效果。因此，要格外注重广告整体的质量。

第二种方法是回忆测试法。回忆测试法是依据人们回忆广告信息程度的多少，来评价广告实效的一种测量方法。这种测量方法要求被测试者回忆一个为特定品牌所做的广告，包括广告内容和兴趣程度，来评价广告的信息传播是否有效。也可以设计一个综合信息反馈问卷，测试观众回忆关键广告信息的百分比，用来评价广告信息的实效性。

比如在纸媒体投放的广告，可以要求被测试者像平时一样浏览一本杂志或报纸，然后向他们展示几个不同的纸媒广告，要求他们说出是否已经看过哪本杂志或报纸中的相应广告信息，根据反馈结果评定纸媒体广告的投放效果。

第三种测试方法是态度测试法。态度测试法是通过测试消费者对品牌的态度，用来评价品牌广告印象的测试方法。

通常测量消费者对品牌的态度，要用到连线法，这在其他章节有详细的介绍，在此不再重复。另一种测试品牌态度的方法是集合一些不关注品牌广告的测试者，如果测试者看完广告对品牌的态度积极，则说明广告是有效的，反之则是无效的。

此外，一则广告是否有效，也和媒体的定向读者、广告投放的范围和频率、消费者的信息疲劳程度等因素息息相关。通常，在广告制作好尚未投放的时期，依据三种测试法的综合效果，评价广告在内部环境的表现；在广告小范围投放时期，依据消费者反馈评价广告在外部环境的表现。当两方面的表现都呈良好状态时，再进行大范围的广告投放，这是比较稳妥的广告投放策略。

虽然时代在变，媒介也在不断变化，但是上述广告内容的测试方法还是值得市场部人员进行学习与参考。

促销活动通常在新产品上市时进行，目的是激励消费者尽快尝试产品并形成口碑。促销手段包括折扣、赠品、优惠券、限时优惠等，通过这些激励措施，企业可以吸引消费者的关注和购买，迅速提升产品的市场占有率和品牌影响力。

公关是需要与企业相关的一些媒体处理好关系，麻烦这些媒体时不时为企业进行宣传，并且，当企业发生了某些危机的时候，还能请这些媒体第一时间进行危机公关的处理。

渠道规划是决定产品如何到达消费者手中的关键环节。企业需要详细规划产品的销售渠道，包括批发、零售、电商等。在终端，如何陈列产品、店员如何推荐产品都是影响销售的重要因素。有效的渠道规划能够确保产品顺利进入市场，并在消费者面前展示出来。

售后服务是提升消费者满意度和忠诚度的重要手段。配套的售后服务包括产品保修、退换货政策、客户支持等。这些服务不仅能够解决消费者在使用产品过程中遇到的问题，还能增强他们对品牌的信任和依赖。

通过综合运用广告、促销、渠道和服务等板块，如图 3.20 所示，企业能够有效提升新产品的市场表现，实现销售目标和品牌建设的双重成功。

图 3.20　市场部营销复合体组成图

6. 测试市场

研究表明，很多产品经过测试市场之后，从一个问题产品变成了畅销的、常销的产品。无论设计多么科学、先进，新产品上市涉及的因素太多，一两点的问题都有可能导致新产品的失败，为了防止出现错误，在实践中进行纠正，就必须为新产品测试市场。

测试市场一般指的是在限定市场内做测试，通常来说就是试销，这个市场相对来说与主市场是分离的，例如线上销售，通常会进行线下的测试。测试市场比较消耗预算，可能会占到 60% ~ 70% 的预算。

测试市场评估的主要要素有以下三个方向：

①知名度：考察了营销复合体中广告的质量；

②尝试率：考察了营销复合体中促销质量；

③重复购买率 / 满意度：考察了产品复合体的质量。

进行测试市场评估，可以参照表 3.3、表 3.4、表 3.5 和表 3.6。

表 3.3　跟踪监控关键指标表

主要指标	测量方法	对策
知名度	对每月销售数据进行统计。如未达到预设目标，对知名度、尝试率和重复购买率三个指标进行测量（定量调研）。之后对比知名度、尝试率和重复购买率经验值，并针对关键问题给出相应的解决方案并进行调整（新产品上市以9个月为一重要节点。如新产品在上市9个月未能达到销售目标，一般表示此新产品上市失败）	
尝试率		
重复购买率		

表 3.4　简明营销策略表

主要指标	可能的问题	一般解决策略
知名度	宣传计划； 产品获知渠道	修改宣传计划； 增加终端数量
尝试率	营销概念的独特性； 与竞争对手的差别未能满足消费者需求； 销售店的数量	修改营销概念； 有针对性地修改营销组合； 加强促销、终端管理等
重复购买率	各方面因素，如质量、产品功能等； 与竞争对手的产品性价比	改进营销策略； 改进产品价值包装加强品牌形象

表 3.5　6～12 个月的销量调研表

	上市时间	知名度	尝试率	重复购买率	尝试量	累积重复购买量	月总销量
细分市场总人数 （××名）	第6个月						
	第7个月						
	第8个月						
	第9个月						
	第10个月						
	第11个月						
	第12个月						

上市第6个月至第12个月总销量（　　　　）

表 3.6　知名度、尝试率、重复购买率经验值表

上市时间	6个月	7个月	8个月	9个月	10个月	11个月	12个月
知名度（%）	8	11	14	15	20	20	25
尝试率（%）	5	6	7	8	9	9	10
重复购买率（%）	2	2	3	3	4	4	4

通过分析这三个要素，既评估了营销复合体也判断了产品复合体做得好不好。

上面所介绍的便是在新产品上市模式下开展的新产品上市流程，这是一个复杂且系统的过程，同时也是一个科学而完善的过程，借此企业可以深入了解和把握市场需求，解决新产品上市各个环节的痛点，真正实现可持续创新发展。

05

产品生命周期管理

任何产品都有可能被市场淘汰，企业要做的是趁它
被淘汰之前，先于对手找到可以替代它的产品。

随着企业的持续扩张，产品管理会逐渐暴露出失衡的问题。由于企业连续推出新产品，使得在售产品库迅速膨胀。这种情况会导致部分库存单位（SKU）的零配件积压，进而增加后期维护成本。为了恢复产品的平衡发展态势，企业既要不断推出能满足客户需求的新产品，还要对已有产品进行筛选与淘汰。

为了解决上述问题，企业需要引入产品生命周期管理方法这是继新产品上市之后，企业产品管理的又一重要环节，产品生命周期管理指从人们对产品的需求开始，到产品淘汰退市的全部生命历程的综合管理。通过产品生命周期管理，企业能够有效地优化产品结构，提高运营效率，并确保资源的合理分配，降本增效，从而实现长期的可持续发展。

产品管理四步法（图 3.21）的价值主要体现在以下几点：

其一，通过优化产品结构，显著提升企业的运营效率；

其二，通过淘汰无利润产品，实现资源的合理分配；

其三，通过建立完善的产品分析体系，以科学化的方式管理产品，从而有效提高公司利润。

图 3.21　产品管理四步法

一、产品生命周期理论——产品生命周期曲线

产品生命周期管理源自产品生命周期理论。这一理论由经济学家雷蒙德·弗农

于 1966 年提出，描述了一个产品从进入市场到退出市场的整个生命周期。弗农通过观察产品在市场中的表现，总结出产品在其生命周期内会经历一系列的阶段：引入期、成长期、成熟期和衰退期。

绝大多数进入市场中的产品，都会经历一个从成长到衰退的发展曲线，这条发展曲线便是产品生命周期曲线。这一曲线展示了一个产品从概念阶段到退市的全过程。这个曲线可以帮助理解产品在市场中的表现和发展趋势，主要分为五个阶段：概念期、导入期、成长期、成熟期和衰退期，如图 3.22 所示。

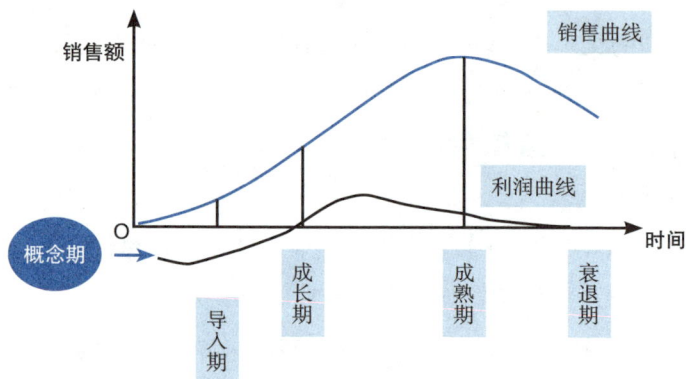

图 3.22　产品生命周期曲线

1. 概念期

概念期处于企业通过市场调研和需求分析，评估产品可行性和市场潜力的阶段。在这一阶段，企业需要定义和完善产品概念，进行初步测试，并开始制定发布策略。

这一阶段通常成本高昂且没有收入，风险较大，外部资金可能也很有限。为了确保资金支持和降低风险，企业需要尽早向投资者展示产品的潜力和可行性，争取早日筹集到产品发布所需的资金。通过这些策略，企业能够在产品正式发布前做好充分准备，确保新产品能够成功进入市场并被消费者接受。

2. 导入期

导入期处于产品刚刚进入市场的阶段。这个阶段的产品销售增长缓慢，因为市场对新产品的认知还在逐步建立。企业的主要任务是创建产品意识，并确保产品信息传达到目标受众。

具体策略包括通过各种宣传渠道推广产品，解释产品的有用性和能够满足的需求；通过精准的渠道进行投入，确保新产品能够快速占领市场。目标是让更多的消费者了解并试用新产品，从而成功地将产品交到客户手中，实现初期销售目标。

在这一阶段，除了少数追求新鲜的消费者，绝大部分消费者可能不会愿意购买全新的产品，有些企业可能急于让产品销量迅速上升，从而选择大规模投放广告。这将可能导致这个阶段所支出的营销费用白白浪费。

这个阶段应当服务好对新产品感兴趣的消费者，维系好他们的关系并进行沟通，根据他们对产品的反馈进行产品优化升级。

3. 成长期

随着产品被越来越多的客户接受，销售量迅速增加，客户之间的口碑传播形成消费潮流，推动产品进入一个稳定的增长阶段。这个阶段通常会在产品上市后两年到三年实现，产品销售将达到顶峰。

在这一阶段，企业已经拥有了相关的利润，取得了一定的成功，但面对虎视眈眈的竞争对手，依然不能松懈。这个阶段着重从以下三个方面进行：

一是快速收集产品反馈并进行及时优化。这个阶段正是产品问题暴露最多的时候，应该组建专门负责收集问题的团队，针对产品进行优化。

二是增加广告投入。在这个过程中要迅速传播产品的功能点，并逐步塑造品牌形象，将产品概念让消费者牢牢记住。

三是增加分销渠道。让更多的消费者容易买到产品，增加产品的覆盖率。

通过这些措施，企业可以在竞争中保持优势，进一步扩大市场份额，并确保产品在市场中的稳固地位。

4. 成熟期

在达到销售顶峰后，产品进入成熟期。尽管销售增长趋于平缓，但市场竞争开始加剧。许多竞争对手模仿产品的功能，使得原本独特的产品特性变得普遍。企业需要通过降价和促销等手段维持市场份额，但这会导致产品盈利能力下降。

企业维持现有的业务，可以从以下几个方面进行：

一是优化现有产品，将目前成熟的产品进行优化和改良，迭代后重新推出市场，比如华为手机每年都会发布最新型号，不断刺激消费者购买。

二是优化产品推广，宝洁等公司是全球产出最多优质广告的公司，通过不断的创意吸引消费者。

三是研发新产品，根据客户提出的需求继续对新产品进行研发。

因此，在这一阶段，企业的策略应集中于关注新品开发，注重品牌化升级，争取稳定的市场份额，并强化产品的差异化优势。通过这些措施，企业可以在竞争中保持优势，确保产品在市场中的稳固地位，延长其生命周期。

5. 衰退期

进入衰退期后，随着市场上相似产品的增多和竞争的加剧，产品销售和利润逐渐下降。最终，产品可能会进入负利润阶段，即使有一定的销量，但已无法为企业创造利润。对于大多数没有技术或科技壁垒的产品来说，衰退期的销售量将持续下降，最终退出市场。

在这个阶段，企业需要采取一系列策略来应对这些挑战。策略之一是扩展产品线，重新包装产品以吸引新的客户群体。此外，企业还可以采用新的定价策略，推出产品的新版本，或者进入新的产品类别来保持市场份额。及时进行产品更新换代和转向研发新产品是一项关键策略，这可以确保企业在市场中的持续竞争力。通过这些策略，企业可以在产品衰退期内最大限度地延长产品的市场寿命，并为未来的新产品开发和市场拓展打下基础。

从产品生命周期曲线可以看到，市场上的大多数产品都符合这样一个发展轨迹。这一规律可以帮助企业在不同的阶段采取相应的策略，以最大化产品的市场表现和盈利能力。

不过，在开展产品生命周期管理工作之前，企业需要先搞清楚两方面的问题：

一是谁来负责企业的产品生命周期管理。

产品生命周期管理一般由企业的品牌经理负责。之所以由品牌经理来负责，是因为品牌经理通常管理着多个产品线，而各个产品线在自行管理产品生命周期时可能会出现偏差。

如果让各个产品线独立进行产品梳理和筛选，可能会倾向于保持自身的产品数量和多样性，避免淘汰自己的产品。这种情况下，各产品线会为了"公平"而要求彼此都淘汰相同数量的产品，进而导致整体策略失衡。因此，为了避免这种情况，品牌经理需要将各个产品线进行统一比较和评估，确保淘汰的产品选择基于客观标准和整体战略，而不是个别产品线的主观意愿。

二是何时进行产品生命周期管理。

产品生命周期管理应该在每个财年的年底前进行，通常是每年的十月份。品牌经理需要在十月份开始对产品进行生命周期管理，分析各产品的市场表现和盈利情况，思考和决定哪些产品应该退出产品体系。这一过程确保了在新财年到来之前，企业能够优化产品结构，提升运营效率和市场竞争力。

二、产品生命周期管理——MSU 模型的导入

基于产品生命周期的存在，企业必须要在旧有产品从成熟期走入衰退期之前，采取产品生命周期管理方法，以新产品替代旧有产品，重新将产品销售曲线和利润曲线拉高。在这一过程中，企业需要处理好两方面的工作，一是判断哪些产品应该退市，二是如何对那些保留下的产品进行调整。

1. 判断哪些产品应该退市

在进行产品生命周期管理时，确定哪些产品应当退市是一项至关重要的工作。一些人认为，可以单纯以销量为判断依据：销量可观的产品保留，销量低迷的产品则淘汰。然而，这种思路的局限性很大，因为有一些产品销量虽高，但对公司利润的贡献可能并不大。因此，评估产品为企业带来利润的能力，即其盈利能力，才是决定是否继续保留产品的根本原则。

为了更精确地衡量每个产品的盈利能力，国际企业引入了一个关键参数——统计单位（statistic unit，SU）。SU 代表一个固定的毛利单位，用于量化不同产品所贡献的毛利。对于国内企业，通常可以将每创造 100 元人民币利润定义为一个 SU。例如，若某产品每售出一单位可产生 15 元毛利，那么它就为企业贡献了 0.15 个 SU。若该产品年销量为十万单位，则总计创造了 1.5 万个 SU，简化表达为 15 个 MSU（M 表

示千）。

SU 这一参数的引入，能够更客观地评估产品对企业的实际利润贡献，而非仅依赖销售数量或销售额。每个 SKU 代表特定的产品规格，企业可以通过深入分析每个 SKU 的销量与 SU 值，科学地判断哪些产品具有持续的盈利价值，哪些产品应考虑退市。

2. 用 MSU 模型进行产品生命周期管理

MSU 模型是以利润为单位，对产品的销售情况进行量化分析的产品分析模型，如图 3.23 所示。导入这一模型可以帮助企业建立对销售的评估体系，同时还能对企业内部跨品类、跨品牌产品进行横向比较。

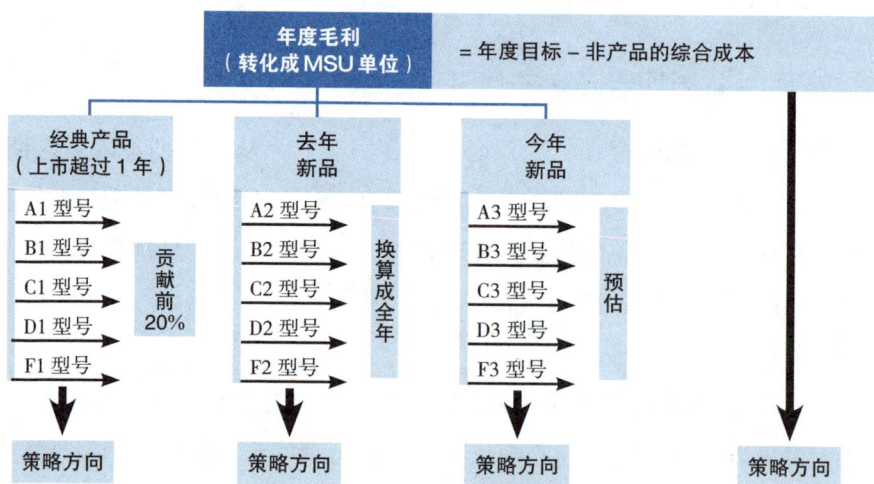

图 3.23　MSU 产品利润分析模型

在具体应用方面，企业首先要对自己产品库中的产品进行排名。如果产品库中有 30 个不同产品，那么就将这 30 个产品的 MSU 都计算出来，然后对这 30 个产品进行排名。当排名顺序出来之后，各个产品为企业创造利润的能力也就清晰地展现了出来。

需要注意的是，在对产品库中的产品进行排名时，一定要在同等条件下来进行。也就是说，那些刚刚上市还未满一年的产品，还不能纳入排名，与已经上市多年的成熟产品相比较。一般来说，参与排名的多是上市超过一年的产品，因为在这一时间段内，产品在市场中的销量才算稳定。

在确定排名之后，企业需要根据自身实际情况来决定淘汰哪些产品。这里企业可以采用的方法有很多，比如根据产品 MSU 排名分布曲线来判断，或是根据"二八原则"找到排名最后 20% 的产品做退市，又或是根据产品库中产品总数量来确定。

（1）产品 MSU 排名分布曲线

在做好产品 MSU 排名后，企业可以据此绘制条状图，以获取一条呈下降趋势的产品 MSU 排名分布曲线，如图 3.24 所示。一般来说，企业可以选择这条曲线较为靠后的一个拐点，对拐点之前的产品进行保留，拐点之后的产品做退市处理。

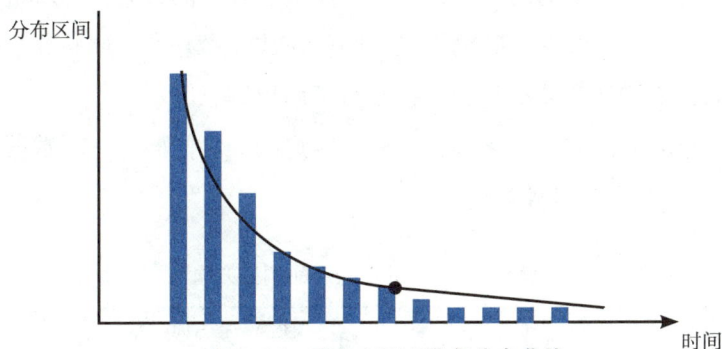

图 3.24　产品 MSU 排名分布曲线

（2）利用"二八原则"判断退市产品

除了上一种方法外，企业还可以利用"二八原理"来找出需要退市的产品。按照"二八原则"，企业中 80% 的销售都是由 20% 的产品贡献的，而剩下 80% 的产品，则只贡献了 20% 的销售。如此一来，企业只需要从产品 MSU 排名中找出最后 20% 的产品，把这些对公司贡献很小的产品做退市处理便可以了。

（3）根据产品库中产品总数量来确定

企业还可以先确定一个产品库中的总数量，比如规定企业产品库中要保留 200 个 SKU，而今年企业又新上市了 10 个 SKU，这样一来，为了维持产品库中产品总数量恒定，便可以将产品 MSU 排名中后 10 个 SKU 淘汰掉。

总体来说，企业要根据自身实际情况来确定淘汰产品的数量，如果企业产品库中的产品本就不够多，便也不必非要淘汰一定数量的产品。同时，在选择对产品进行淘汰时，还可以进行一番论证，通过综合考虑销售时间、推广程度和客户满意度，以确保被淘汰产品确实无法为企业贡献更多利润，如果发现某些排名靠后的产品存在一些发展潜力，也可以将其保留。

3. 基于数据对保留下来的产品进行调整

在利用 MSU 模型进行产品生命周期管理时，企业还需要对那些没有被列入"淘汰名单"，但排位较为靠后的产品进行策略调整。策略调整的依据是具体调研数据所体现出的问题，具体来说，针对浏览时长短这一问题，企业对产品升级调整的侧重点，就要放在宣传文案的调整上，使其更能吸引客户的目光；针对重复购买率少的问题，企业对产品升级调整的侧重点，则应该放在做好产品体验和组合上，通过各种促销活动，来增加产品的复购率；而对于用户满意度不高的问题，企业则应该针对客户不满意的方面进行优化调整，提升客户的产品体验。基于数据的产品调整方向是一项系统性工作，具体见表 3.7。

表 3.7 基于数据的产品调整方向

数据	主要调整方向
咨询数少	产品退市
浏览数少	产品退市
浏览时长短	产品升级：做好宣传文案
购买率少	产品退市（如果咨询数量多，可以产品升级）
购买折扣多	产品升级：质优价廉的产品
重复购买率少	产品升级：做好产品体验和组合（摒弃产品本身因素）
毛利率少	产品升级：去掉不必要的功能
销售量少	产品退市
用户满意度不高	产品升级：做好产品体验
备注：数据需要结合实际情况，综合考量，以上仅供参考	

总体来说，产品生命周期管理这一科学的、完善的管理方法，可以通过对产品的优胜劣汰，来帮助企业降本增效，始终保持一种年轻的、向上的发展态势。因此，企业在产品管理过程中，一定要重视这一方法，尽早将其导入到企业之中。

第四章

策略思维，市场部职能 2.0

.中级市场部在完成产品的基础职能，如市场调研、产品推广和客户管理等基础工作的同时，还肩负着更为重要的策略职能。它不仅负责将企业的战略目标转化为具体的市场行动，还通过精准的市场定位、竞争分析和品牌塑造，制定并执行符合企业发展方向的长期策略，从而确保企业在动态市场环境中的竞争力与持续增长。

01

通过年度经营计划
执行策略

当企业发展到一定程度，市场部的职能也在不断扩展，中级市场部则需要承担策略管理的职能，这一职能得依托年度经营计划进行。

诸葛亮在"隆中对策"中对刘备这样说：

董卓乱政，豪强并起，曹操的名望虽然不及袁绍，但却能以弱胜强打败袁绍，凭借的不仅是天时，还有用人得当，如今曹操手下有百万大军，挟天子以令诸侯，所以此时决计不能与他争强。孙权占据江东已有三代，那里地势险要，民众归心，所以只能把孙权当作盟友而不是敌人。

荆州北靠汉水，东临吴郡、会稽郡，西连巴蜀，是天然的兵家必争之地，并且他的主人没有守住他的能力，这是第一个要取得的要地。益州地势险要，土地肥沃，自然条件优越，当初汉高祖便是依靠益州的地理优势成就了帝业，如果能够占据荆州和益州，守住地势之险，向西交好，向南安抚。对外联合孙权，对内革新政治，一旦天下形势有变，就派一员大将带领荆州的军队直指南阳、洛阳一带，然后主力从秦川出击，这样霸业就可以达成了。

诸葛亮是中国古代最擅长做计划的政治家之一，他的"隆中对策"可以被看作古代最好的计划。这份计划中既有对时局的判断，又有对当下的分析，还有对未来的展望，更有要达到某一目标要先满足的先决条件，有条件发生变化之后的应对策略。

随着企业市场部对产品管理职能的持续优化，其职能范围也在不断扩展。从初级市场部向中级市场部的转变，意味着中级市场部需要在产品管理职能的基础上，还要承担策略管理的职能。

所谓策略，是指为了达成特定目标而制定的一系列行动或方法的集合。在企业日常的经营活动中，策略广泛存在，但对于一些管理较为分散的企业，策略可能分散在不同部门，比如生产部门制定产品生产策略，营销部门制定市场推广的策略……

而中级市场部的策略管理，则是将企业所有与营销相关的策略整合到市场部，由市场部统一进行管理，这样做可以将与营销相关的工作整合到一个系统中，进行全面考虑，并制定出更具操作性的策略。通过策略管理，市场部能够协调各部门的力量，共同推动营销活动取得成功。

营销不再是市场部单独的事情，而是全公司共同参与的项目。各个职能部门——如财务、研发、采购、生产、人力资源等——都在某一项目的管理过程中发挥作用。这种做法促使其他部门的员工更好地理解市场部的工作，并在实际项目中提供支持，降低了跨部门沟通的障碍和磨合成本。

通过项目化管理，可以把营销理念从"市场部主导"转变为"全员营销"，这让公司各部门对营销有更全面的认识和贡献。所有员工的积极参与，使得市场营销不再是一个孤立的活动，而是整个公司战略的一部分。

所以中级市场部要如何实施策略管理职能呢？如何进行项目化管理呢？前文已经提到一个关键的方法，那就是制订年度经营计划。

绝大多数企业有自己的年度计划，却没有自己的年度经营计划。

> 为什么这么说？因为很多企业虽然每年都制订计划，但这些企业的计划通常是这样的：
> **第一种**：只设定一个目标，然后直接将目标分解到销售人员头上；
> **第二种**：设定一个目标，然后按以往经验采取一些措施；
> **第三种**：采取分部门的做法，各部门做各部门的年度计划，然后汇总成为整个公司的计划。

以上三种代表了企业在制订年度计划时容易陷入的误区，如果企业是这样制订计划的，那么有很大概率会发现，计划落实的效果是没有达到预期的，这是因为这些企业的年度计划存在一些问题：

> 第一种做法，虽然有目标，但是没有具体的策略；
> 第二种做法，虽然有设计策略，但这些策略仅凭经验和头脑风暴的方式获得带有风险，是不靠谱的；
> 第三种做法，会导致各部门做计划的过程是一个争夺资源的过程，会导致企业利润始终上不去，经常处在亏损的边缘。

　　所以，上述这些年度计划都不是正确制订年度经营计划的方式。真正的企业年度经营计划不是简单的指标分解计划，而是事业促成计划；真正的年度经营计划不是"猜出来的"，也不是"定"下来的，更不是"商量"好的，而是"算"出来的。

　　年度经营计划是基于企业内部的各部门专业协作，以立项的方式来制订计划的一种方式。它既包含对实现年度目标的策略思考，也包含了将工作策略转化成具体的工作项目和预算的管理，可以说，年度经营计划是现代企业管理中一个重要的组成部分。

　　企业在制订真正的年度经营计划时，不仅要关注计划的目标，还要格外关注实现计划目标的路径；不仅要告诉各个执行部门今年需要完成的目标，还要告诉执行部门应该怎样去完成，配备的资源有多少，应该怎样控制完成目标的过程，以及完成目标的各个关键点等。

　　这就像是一支合格的军队，指挥官在下达作战任务时，不能笼统地要求各部队"获得战役的胜利"，而要将战役分解开来，告诉每支部队所要肩负的作战任务，要完成的具体作战目标，将会得到其他部门怎样的协作，有多少可以调配的资源。如此，才能让整支军队获得有序的安排，让战役按照预设的计划展开。

　　就像指挥学是军队的一门科学一样，制订年度经营计划，也是管理领域的一门科学。

　　一门科学，是有其基本原则的，年度经营计划制订的原则是：

　　第一，以战略为导向，由上至下的制定模式，由战略规划到年度经营计划，再到项目；

　　第二，以目标为导向，围绕目标展开，生成策略、需求，再分解为项目；

　　第三，以市场为导向，对市场进行研究分析，发现问题，生成策略，满足客户需求；

　　第四，以协作为导向，整合资源，将市场部、销售部、研发部、产供部通过营销价值链整合在一起。

所以说，企业年度经营计划的制订是从目标到措施的分解与细化过程，是从措施到资源匹配的过程，是从资源匹配到资源获取、资源保障的过程，也是企业管理职能支持、过程检查、控制和调整的过程。在这个过程中，会同时涉及组织的设置、人员的安排、流程的梳理以及内部考核激励等各个环节。

有效制订年度经营计划，是企业从经验型组织转变到科学型组织最关键的里程碑。通过年度经营计划的制订和实施，可以有效调动企业各部门的合作和协调，形成整体合力，使得企业能够更加有序和高效地运作。

在学习制订年度经营计划之前，管理者先要进行必要的知识准备，首先就是了解事件结构模型，事件结构模型是年度经营计划的基础，为计划的制订提供了参考依据。

根据事件结构模型，企业的工作可划分为**系统、计划、项目、任务、活动**五个层级，如图 4.1 所示。

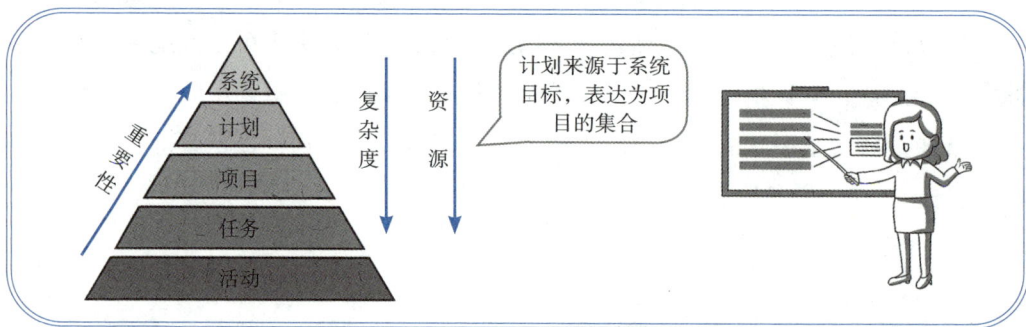

图 4.1　事件结构模型

系统层级

总经理负责企业战略发展方向的制定和掌控，优秀的总经理是战略思考者，需要思考企业未来的生存模式和经营形态，并合理地调配各种资源。各层级的管理者如图 4.2 所示。

计划层级

计划层级的管理者是总监，其主要工作任务是根据企业整体的战略规划，将其拆分成有步骤、有秩序的可行性计划，并对这些计划进行监督、管理及执行。

项目层级

项目层级的管理者是部门经理，主要工作职责是制定、管理并监控工作项目的完成情况。

任务层级

任务层级的管理者是主管。任务是对项目的进一步细分的结果，因此任务层级的目标更为具体和清晰。许多企业通常会规范化处理任务层级的工作，建立标准的工作流程，以确保任务能够顺利执行。

活动层级

活动层级是企业管理中最细致且最频繁发生的工作阶段，通常由普通员工执行。尽管这些工作任务多样且具有较大的随机性，但它们直接影响着系统目标的实现能力。

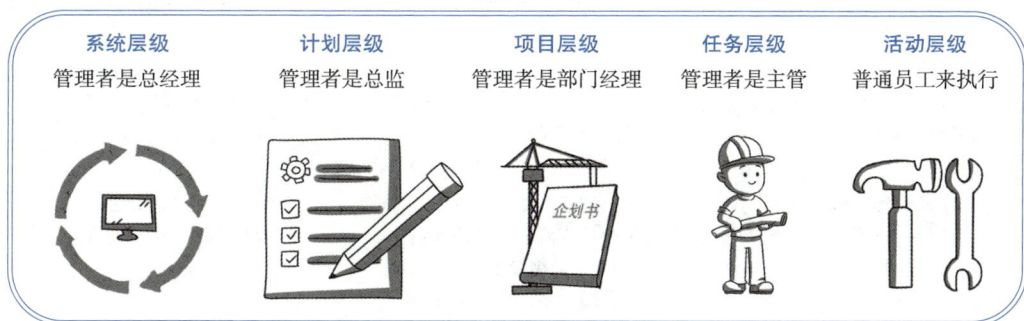

图 4.2　基于事件结构模型层级划分

在事件结构模型中能够看到，年度经营计划的制订属于计划层级，接受系统层级（一般是总经理）的指导和监督，具体工作则由市场部总监牵头并主导，协同企业各部门共同完成。

企业年度经营计划的具体形式是立项，也就是计划最终会以列示一个个项目的形式呈现出来，所以管理者也要了解企业的项目类型。企业内部项目分为常规型项目、改善型项目和战略型项目这三种类型，具体如图 4.3 所示。

常规型项目

来源于日常工作，通过全面项目化将日常工作进行打包，生成了常规型项目，是为了维持企业正常运营所要做的项目，所以要稳定可靠。

改善型项目

来源于营销价值链，其目的是改善企业的某种现状或状态开展的项目，服务于营销，跟业务挂钩，要求速度，有立竿见影的效果。

战略型项目

来源于战略规划，是为企业未来发展开展的项目，所以要立足长远。

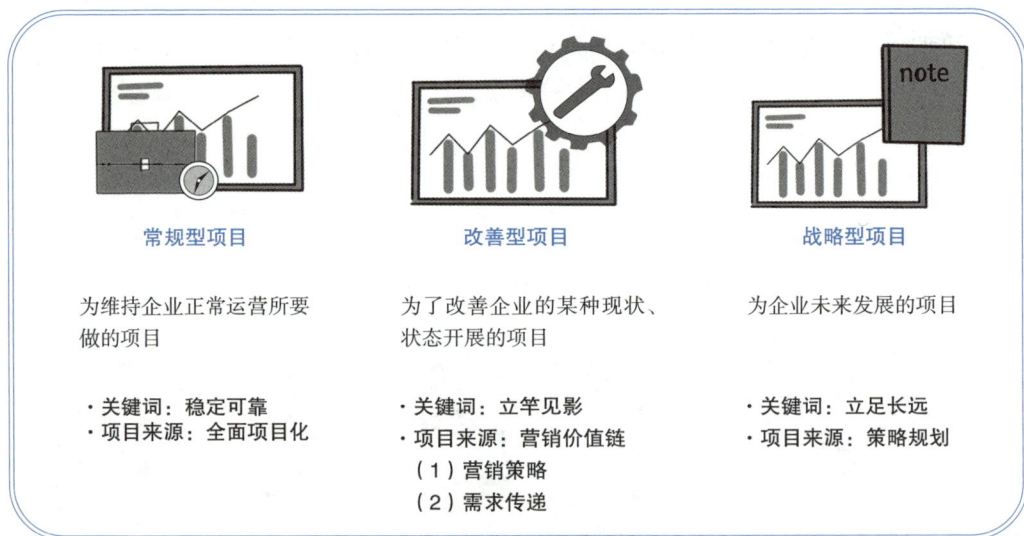

图 4.3　三种类型项目划分

在有效制订年度经营计划之前，管理者要做到在事件结构模型和项目等基础概念上的统一认知。如果基础概念没有统一，直接套用工具、模板、表格和工作模型，不仅不能给企业带来收益可能还会打乱原本的组织管理秩序，给企业造成损失。

02

制订年度经营计划

再完美的商业模式，都需要年度经营计划进行落地。

在了解了何为年度经营计划和中级市场部为何要肩负这一职能后，要具体谈谈年度经营计划是如何制订的。

通常情况下，企业年度经营计划由市场部牵头，带领各个部门制订，并按照项目管理的思想进行运作。一般按照图 4.4 的流程制订年度经营计划。

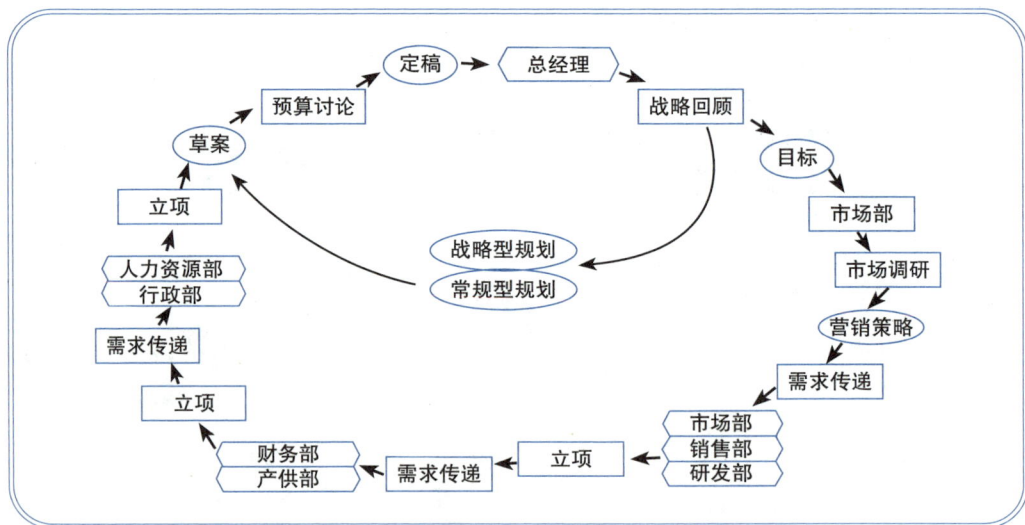

图 4.4　营销价值链

一、项目启动会

如我们在上一节所讲的那样，年度经营计划自身也属于常规型项目的一种，每年都需要立项，即根据企业的具体情况召开项目启动会，确定年度经营计划的开始。

项目启动会是在项目开始的时候，召集相关负责人举行一个正式的启动会。在这个会议上，相关负责人要明确自己或所在部门要承担的责任，对部门之间的权责加以清晰划分，对齐颗粒度，为后续年度经营计划的有效制订提供保障。

项目启动会的召开时间根据企业选择的不同财年而不同，如果是制订年度经营计划，则需要提前三个月进行准备，也就是项目启动会要在年度经营计划制订前三个月召开。企业对这一流程熟悉之后，则可以缩减到提前一个半月召开，具体要视企业自身的实际情况而定。

如果企业选择的财年是 1 月 1 日到 12 月 31 日，可以从 10 月 1 日启动，到 12 月 31 日结束。如果非常熟练，则最晚启动时间为 11 月 15 日，不过保险起见，建议还是从 10 月 15 日开始。

二、制定年度经营目标

企业管理者（一般是系统层级）根据企业远景确定本年度的战略规划，如果之前已经做过战略规划，需要对之前的战略进行回顾，看目前企业处于什么阶段，然后根据战略规划及市场调研生成本年度经营目标。项目启动会具体信息如下：

> 启动时间：根据选择的不同财年，提前一个半月到三个月。
> 项目负责人：市场总监。
> 参会人员：总经理、副总经理、各部门总监。
> 会议内容：项目组对项目计划达成共识。

这里需要注意控制战略型项目的数量，一般控制在十个，最多不要超过十二个；还要注意每年经营目标的确定不是根据上一年的销售情况简单推算出来的，而是以战略规划为导向，根据战略的重点确定工作的重点。如果战略规划要求某年需要提升利润，那这一年的目标就是利润，所有工作都是围绕这一点。企业的年度经营目标一定是基于战略目标，且要严格遵守。

三、制定具体的经营策略

年度经营目标确定后，市场部将围绕年度经营目标进行调研和分析，然后制定本年度具体的经营策略，以达到经营目标的实现，这些策略也成为立项的基础。**经营策略包括宣传策略、渠道策略、性价策略。**

生成经营策略是制订年度经营计划过程中一个比较重要的工作，企业生成经营的工具，一般采用 ADP 模型，这一模型也是市场部开展工作所要用到的最重要的管理工具之一。ADP 模型是一种广泛应用到管理领域的调研方法，它是指从客户态度（attitude）、产品渠道（distribution）和产品性价比（profit）三个角度来进行市场调查和研究。

四、前端部门立项

企业前端部门，包括市场部、销售部、研发部。这些部门根据 ADP 模型生成的策略开始立项，并确定部门的预算支出及资源分配。

如市场部将影响消费者态度的策略传递给负责宣传管理的推广部（或宣传部）立项；将影响渠道开拓的策略交给负责分销管理的销售部立项；将影响产品性能及设计优化的策略交给负责设计研发的开发部立项……然后，这些部门再将自己的需求传递给后端部门。

通常是前端部门向生产部提出生产需要，向财务部提出财务需求。此外，销售部、研发部、生产部、财务部再向人力资源部提出人才的需求，向行政部提出行政需求。

> **立项原则有：**
> 第一，以实现营销目的为导向；
> 第二，围绕关键问题与机会，突出重点；
> 第三，项目要落实到部门工作中。

五、后端部门立项

后端部门，包括生产部、人力资源部、行政部、财务部。这些后端部门接收到前端部门提出的需求，经过内部讨论分析后进行优先级排序，将需求落实成项目，一一解决。

前端部门、后端部门通过不断立项，生成了战略型项目、改善型项目，这里需要强调的是，如前述每一个年度的战略型项目数量应该控制在 10 个左右，改善型项目则应该控制在 20 个左右。因为常规型项目每年都差不多，很少改变，做计划的时候一般不再重复讨论，直接将上一年度的常规型项目（一般 70 个左右）加进来就可以了。这样 100 个项目（这里指中小规模企业的项目数量）加在一起就形成了年度经营计划的草案。

六、年度预算

企业完成年度经营计划的草案后，交由总经理审阅。因为草案中有每个项目的预算，将其相加就有了年度经营计划的总预算。总经理根据企业战略规划及资源，对项目进行一些调整，跟各部门讨论后，最后将年度经营计划定下来。一般年度经营计划的定稿时间要在新财年开始的前 10 天左右，这是因为需要留一些时间给部门经理将项目部署下去。

七、宣导

年度经营计划定稿后，总经理、副总经理及各部门负责人要在上面签字。完整的年度经营计划由总经理面向全体员工进行宣导，宣导内容包括总预算、时间、各部门的项目编号等，宣导要在新财年开始之前完成。

宣导之后，年度经营计划的制订就算是完成了。此后，制订好的年度经营计划，要分别交给财务部和人力资源部，财务部负责以此为依据控制年度预算，人力资源部则以此为依据考核项目经理的工作。

八、监控机制

在年度经营计划的落实阶段，企业还需要建立一套有效的监控机制，用以监督年度经营计划的实施，如果发现问题马上进行改正，保障计划的顺利实施。

综上所述，年度经营计划可以将企业后端部门的工作与前端需求紧紧结合起来，让组织各个部门之间环环相扣。这样全年的工作计划更有目的性，要求更加明确，执行也就更加顺畅，从而能彻底实现企业内部的平衡发展，减少企业内耗，提升企业的运营效率。

年度经营计划的制订，必须是一个科学的、循序的、一环套一环的工作，在这个工作中，市场部不仅起到一个组织牵头的作用，还肩负着数据分析、合理性调研的工作，而在年度经营计划制订之后，市场部也需要对具体的落实情况进行跟踪考察，并及时将信息反馈给企业管理层，以保障年度经营计划能够最终落到实处。

了解了年度经营计划的制订过程，读者应该能够意识到 ADP 模型进行市场调研是年度经营计划的重中之重，那么，这项工作应该怎样开展呢？这就是下一节要重点讨论的内容。

03

用 ADP 模型生成策略

领导的本质在于作出明智的决策，这需要科学的数据、经验和知识。

上一节讲过，制订年度经营计划的难点之一是根据年度经营目标生成具体的经营策略。企业有了目标是成功的第一步，但目标未必就能达成最后的结果，所以管理者在提出经营目标的同时，还需要根据经营目标进一步完善达到目标的路径，即经营策略。经营策略的生成，一般采用 ADP 模型这一管理工具。

管理学研究者通过研究发现，ADP 模型中的客户态度、产品渠道和产品性价比三个要素是影响市场营销的关键因素，它们与另一个营销关键要素**市场容量**（market size）结合起来，便可以形成一个关于市场的量化公式：

市场占有率（S）= 消费者态度指数（A）× 渠道综合指数（D）× 价格综合指数（P）× 当量（Su）× 市场容量（Ms）

在这个公式中，市场容量（Ms）是一个客观指数，一般情况下短期内极少会被主观控制，可以看作一个常数，此外当量（Su）也是一个常数，所以影响市场占有率的主要因素是以下三个：

A：**消费者态度 / 品牌体验**，即消费者对产品的相对喜好程度——"愿意买"；

D：**终端因素 / 渠道体验**，即消费者获得产品的难易度——"买得到"；

P：**价格因素 / 产品体验**，即消费者获取产品的代价——"买得起"。

它们也就是构成 ADP 模型的三个模块，市场部对消费者需求展开调研，并利用 ADP 模型对市场调研结果进行分析，进而得出与产品、渠道、宣传相关的四种经营策略，见表 4.1。

表 4.1　基于 ADP 模型的经营策略表

调研结果	生成策略类型	策略应用
基于A值（消费者态度/品牌体验）调查结果	品牌策略	市场部立项依据

续表

调研结果	生成策略类型	策略应用
基于D值（终端因素/渠道体验）调查结果	渠道策略	销售部立项依据
基于P值（价格因素/产品体验）调查结果	产品策略	研发部立项依据
基于Ms值（市场容量）调查结果	新产品上市策略	市场/研发部立项依据

这四种经营策略，成为企业前端部门（如市场部、销售部、研发部）立项的依据。各个部门将根据每一条经营策略，生成本部门的项目，这就是立项。

中国西部的一家著名制药企业，2003 年的销售额是 5.8 亿元，其产品在药店里都买得到，价格也不贵。2004 年，这家企业的销售额下滑到 5.2 亿元，财务报表上清晰地显示，虽然销售额下滑 6 000 万元，看起来好像不多，但年终纯利润几乎等于零。

面对这种局面，企业领导经过研究，认为必须要提高销售额，必须要提高利润率，但是从哪个方向着手做，是大面积铺货还是涨价或者打广告宣传品牌，却都没有把握。

后来，这家企业的市场部按照 ADP 模型进行了一次详细的市场调研。在全国抽取 5 个样板城市：北京、广州、成都、上海、沈阳，每个城市找到 300 名消费者，做了一次问卷调查，其结果如图 4.5 所示。

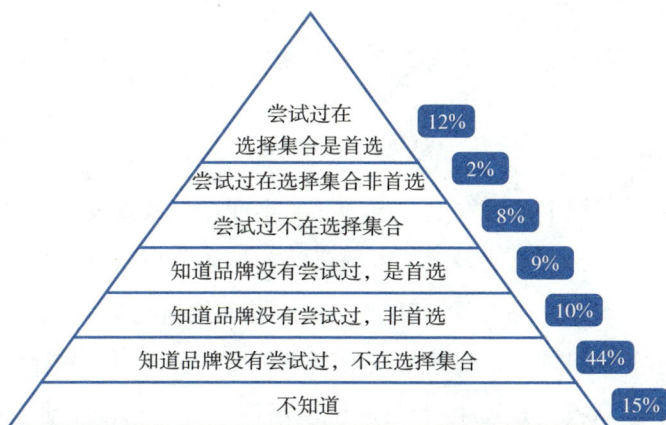

图 4.5　某企业 ADP 模型市场调研结果

通过调研，市场部发现，44%的消费者处于“听说过这个产品，但从来没打算试用这个产品”的范围内，这证明其知名度还是很高的，但是客户忠诚度不高。忠诚客户仅占12%，只有这部分的消费者把该公司的产品当作首选品牌，这家制药企业的市场部就找到了年度工作计划的重点。

通过对12%的忠诚客户与44%的潜在客户的比较，两类群体对该厂产品的品质认知、利益认知和价值认知几乎是相同的，也就是说，忠诚客户与潜在客户对该产品的价格、个性、知名度、质量的认知大体是一致的，但是，对品类认知却大不相同。

经过分析，该制药企业得出一个令人震惊的结果：44%的潜在客户中，有90%的消费者认为该产品是西药；而12%的忠诚客户几乎都认为该产品是中药或者保健品。西药在国内消费者看来是能不吃尽量不吃，能少吃尽量少吃，中药或者保健品就不一样了。

于是，市场部马上就找出了阻碍销售成长的最重要因素，同时也就产生了当年的重点工作计划——改变品类认知。接下来，市场部围绕提高客户态度展开一系列的工作，确定了广告、包装、促销等多个工作项目。

该企业2005年3月回款9 200万元，比去年同期提高近一倍。接下来的9个月中，几乎每个月的销售额都比去年同期提高50%以上。2005年底，该厂完成8.2亿元销售额，比2004年提高60%。

在制订2006年市场部年度经营计划的过程中，调研显示，原来44%的“听说过这个产品，但从来没打算试用这个产品”消费者比例，下降到33%，而忠诚客户比例由原来的12%提高到22%。

从上面的实际案例中可以看出，市场部的年度经营计划其实是这样诞生的：假设明年企业想要提高5亿元销售额，市场总监首先要分析从哪个环节上提高。开发新产品，或者改善现有产品的性价比，也就是提高价格指数（P），涉及研发实力，如果研发部没有实力和时间，这条路就不能选择了。所以明年的计划只能提高消费者态度和改善渠道状态（D）。接下来进行市场调研，分析消费者态度（A），得到提高的办法，然后根据调研结果生成具体的工作项目。

市场部总监还要研究改善渠道状况（D）。这要从几个方面着手，比如说拓展销售渠道的深度，让产品在货架上更明显、包装上更漂亮等，还可以拓展销售渠道的广度，让产品的覆盖范围更广，让消费者更方便地买到产品，或者开展相关的促销活动，提高渠道满意度等。市场部要讨论关于具体改善渠道状况（D）的策略，把它传递给销售部，销售部再根据这个策略制订自己部门的年度经营计划。

需求沿着营销价值链，就这样被传导到企业的每个部门，同时也打通了信息的经脉，让每个部门的工作项目和年度经营计划具体清晰起来，并且使企业上下的意识更加统一，部门间的配合更加圆润自由。

具体的立项可以分为以下步骤进行：

第一步：分层

市场部、销售部、研发部接收到从市场传递过来的需求信息后，根据这些信息找到各自的工作重点和发现各自存在的问题，生成本部门的项目，这个过程如图 4.6 所示。

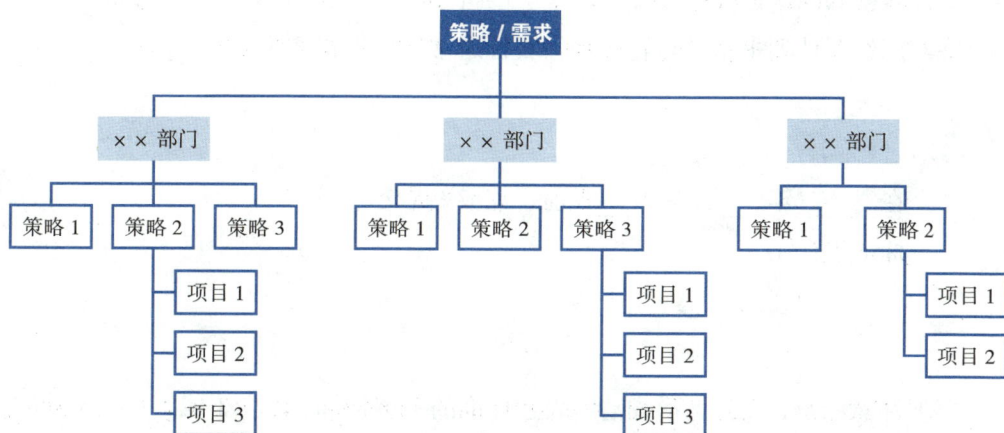

图 4.6　策略传递过程图

例如研发部门，在得到市场部通过 P 值（价格因素 / 产品体验）调研给出的信息后，发现企业当下主要产品在性能方面、性价比方面存在一些问题。进而生成提升产品性能、进行成本控制等策略。在提升产品性能的策略指引下，又进行了"在两个月内完成 ×× 新功能的研发""优化 ×× 功能，增加 100% 该功能的使用频率"等项目立项。

第二步：打包

打包是对项目进行剪辑的过程，考察每一个项目需要调动的资源和需要的时间，进行项目之间的合并或拆分。

为什么要对工作项目进行剪辑呢？因为在立项之后管理者会发现，有的项目工作量很大，有的项目工作量很小，为体现科学管理的原则，项目的工作量大小应该接近，不至于出现一个微型项目对标一个大型项目的尴尬情况，所以在确定项目时要对项目重新剪辑，也就是打包，让每一个可以落实的项目的工作量接近。

第三步：确定项目名称和项目目标

项目目标是项目最终状态的体现，能反映项目最终完成的一种明确状态，有可衡量性，即可以量化，**量化可以以两种形式体现：**

一是一种状态的描述（如：×× 时间内完成营销政策制定报告）；

二是有明确的数据指标（如：×× 产品市场占有率提高 X 个百分点）。

在年度经营计划书中，量化的项目目标通常用以下格式来表述：

【项目目标】

在＿＿＿＿年＿＿＿＿月＿＿＿日前，完成 / 提交＿＿＿。

标准为：① ......

② ......

需要注意的是，以要点形式清晰表达标准的关键指标，以少于或等于三条为宜，否则项目评估就会非常复杂。

第四步：确定项目经理、资源需求和项目排期

项目确定好之后，还要对项目所需要的人力财力进行合理安排。管理者的精力是有限的，要合理安排管理者（一般是项目经理）在每一个项目中投入的时间，才

能确保项目得到有效的管理。

　　一个出色的项目经理大约可以同时监管三个到六个项目，所以在项目排期上，要注意平衡每个月的项目数量，确保每个管理者每个月需要监管的项目不能太多，以免影响项目的结果。在这当中，也要考虑项目所需要的时长，项目时间跨度一般以三个月到六个月为宜，所以在同一管理者需要管理的项目与项目之间，注意彼此时间重叠的问题。

表 4.2　三类项目立项表（例）

编号	SC2025-CG002	SC2025-GS040	SC2025-ZL056
类型	常规型	改善型	战略型
项目名称	新产品上市支持	2025年终端门头、灯带标识更换	产品定价流程和标准建立
项目目的	通过制定陈列指导手册、波次陈列方案及对指定销售人员的培训，满足新产品上市的支持需求	通过对终端门头、灯带标识的更换，提高品牌识别度和记忆度	通过定价流程和标准的建立，对内规范公司内部工作流程，对外体现品牌定位，维护品牌档次
项目目标	1.内容完整（包含搭配陈列手册、波次陈列方案）； 2.无明显逻辑错误； 3.销售部指定人员考核通过率90%以上	在2025年3月15日前完成终端门头、灯带标识的更换，标准为： 1.更换数量至少为1 000家； 2.验收通过率100%； 3.通过识别度和记忆度的测试（至少有60名消费者，其中有60%的消费者通过）	在2025年9月30日前完成，标准为： 1.内容完整（包含公司自产成衣、外购成衣、饰品的定价流程、标准及数学公式）； 2.定价思想符合品牌定位； 3.符合公司实际，无明显逻辑错误
项目经理	×××	×××	×××
项目预算	×万元	×万元	×万元
起止时间	2025年1月4日 2025年12月31日	2025年1月4日 2025年3月15日	2025年1月4日 2025年9月30日

　　从表 4.2 可以看出，前端部门项目所需要的资源需求，会成为后端部门的立项依据，如前端部门资金流转方面的需求传导给财务部后，成为财务部立项的依据；前端部门产品供应方面的需求传递给生产部后，成为生产部立项的依据；前端部门人员配备方面的需求传递给人力部后，成为人力部立项的依据……后端部门在接收到前端部门的需求之后，再进行本部门工作的立项，并匹配相应的资源。

所以，前端部门立项是牵一发动全身的工作，企业内部资源如何调配，也是管理者需要考虑的重点问题之一。立项工作收尾之后，总经理还要根据企业年度目标和预算进行评估，然后对立项进行合理化的改善，实现立项的科学性，以确保确立的项目都能够被实施下去。

通过年度经营计划模式的建立，导入了项目化工作方式，减少了部门之间的摩擦，同时提高了资源利用效率。对于市场部新人来说，项目化管理为他们提供了更多的成长机会，既能在实际项目中锻炼自己，又能够通过参与复杂的项目管理流程，为未来晋升积累经验。这种综合的能力提升对企业的长期发展至关重要。

04

落实年度经营计划

伟大的公司不是只会制订计划，而是能够把这些计划有效实施。

策略生成项目之后，就到了策略的执行阶段。执行就是具体完成每一个项目，它是年度经营计划能够落地的保障。而市场部门不仅是制定策略的关键部门，更是将策略转化为可操作行动的关键执行者。为了确保市场部门能够有效地执行策略，市场部需要构建以下两个关键的工作：

一、建立月度监控例会

建立月度监控例会对市场部门来说至关重要，主要原因包括以下几点：

第一，评估策略执行进展：例会提供了一个定期评估市场部门策略执行情况的机会。通过定期的回顾和对策略执行情况的讨论，可以确保策略在被执行的过程中不偏离目标，遇到必须要调整和优化策略的情况时，也能及时采取行动。

第二，发现和化解内耗问题：通过团队成员分享各自项目进展和困难，实现内部信息传递，化解团队成员之间因信息偏差而导致的矛盾，及时发现因内耗产生的问题，并使团队上下共同探讨解决方案，及时采取行动解决策略执行过程中的障碍。通过定期汇报和讨论，团队成员能够更好地了解彼此的工作进展和问题，增强团队的协作精神和共同目标感。

第三，及时调整和优化：市场环境瞬息万变，策略需要灵活应对。月度例会能够帮助团队及时获得市场反应和趋势变化，从而调整和优化当前的市场策略，以确保策略的持续有效性和适应性。

第四，监控和达成目标：立项的准确和可描述是市场部门的重要任务。通过月度例会，让团队可以定期跟踪和评估这些项目（或项目指标）的达成情况，为下一步的工作确定合适的方向。

由此可以看到，建立月度监控例会不仅能够帮助市场部门有效地执行策略，实现企业经营目标，还能够提升团队的灵活性、协作能力和市场反应速度，为企业的长期发展奠定坚实的基础。

召开企业月度监控例会的具体流程如图 4.7 所示。

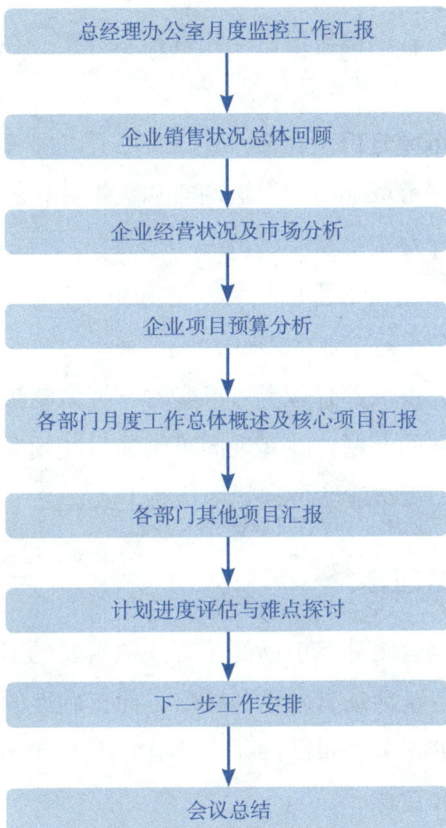

总经理办公室月度监控工作汇报

↓

企业销售状况总体回顾

↓

企业经营状况及市场分析

↓

企业项目预算分析

↓

各部门月度工作总体概述及核心项目汇报

↓

各部门其他项目汇报

↓

计划进度评估与难点探讨

↓

下一步工作安排

↓

会议总结

图 4.7 企业月度监控例会流程图

对于月度监控例会中的企业销售状况总体回顾和经营状况及市场分析，由市场部主导，主要可以从以下几个方面进行：

1. 企业销售状况总体回顾

销售目标达成情况：讨论当前月度或季度销售目标的实际达成情况，比较前期和同期数据，分析销售增长趋势和变化原因。

产品销售情况：对不同产品线或关键产品的销售情况进行分析，包括销售额、销售量、市场份额等关键指标的表现。

客户分析：回顾新客户的获取情况和现有客户的维护状况，分析客户增长和流失的原因及趋势。

销售渠道效果：分析各个销售渠道（如直销、分销、在线销售等）的表现，评估各渠道贡献度和效率。

2. 企业经营状况及市场分析

市场趋势分析：根据市场部门的市场调研和数据分析，介绍当前市场的主要趋势、竞争格局和消费者行为变化。

竞争对手动态：分享竞争对手的最新动态和策略，包括产品推出、定价策略、市场活动等，分析竞争对手对企业的影响。

通过月度监控例会，市场部管理者可以实时掌握策略被执行的情况，获悉策略执行的每一个环节中存在的问题，并实现向下沟通发现问题、提出办法，向上反馈寻求资源支持，从而保障策略能够被有效地执行下去。

二、进行季度策略回顾

除了建立月度监控例会之外，市场部还有一项重要的工作是季度策略回顾，这是市场部确保企业市场营销活动有效性和战略方向正确性的重要内容。市场部组织季度策略回顾可以从以下几个方面进行：

1. 确定回顾的范围和目标

明确目的：确定本次策略回顾的主要目标，例如评估市场推广活动效果、分析市场趋势变化、优化客户体验等。

回顾内容：确定涵盖的内容，包括市场份额、销售增长、竞争分析、客户反馈等方面的数据和信息。

2. 收集和整理数据

市场数据：收集季度内的市场数据，如销售数据、市场调研报告、竞争对手动态等，通过 ADP 模型进行分析。

客户反馈：汇总和分析客户反馈和投诉，了解客户需求和市场趋势变化。

3. 分析和评估策略执行效果

策略执行情况： 分析和评估季度内执行的各项市场策略和活动，包括广告推广、市场定位、产品促销等。

效果评估： 根据数据和反馈，评估每项策略对销售增长、市场份额、品牌认知等方面的实际影响。

4. 制订下一步行动计划

问题识别与优化机会：根据分析结果，识别季度内存在的问题和改进机会，如产品优化、市场定位调整等。

行动计划制订： 制订下一个季度的具体市场营销行动计划，并进行策略调整，包括预算分配、资源调整和执行时间表。

目标设定： 设定下一个季度的市场目标和关键绩效指标（KPI），以便评估策略执行的成功与否。

执行和监控： 确保执行团队按计划执行新的市场策略和活动，并持续监控和评估其效果，及时调整和优化。

通过优化组织结构、建立有效的沟通与协作、合理管理资源、监控与评估策略执行进展以及持续学习与适应能力，市场部门可以确保策略在立项后能够顺利执行。这些步骤不仅帮助团队实现设定的目标，还增强了市场部门在企业整体战略中的角色和影响力。

有效的策略执行不是一次性的事件，而是一个持续不断的过程，需要领导者的坚定领导和团队成员的全力配合。在一次又一次的策略执行中，市场部的能力也能够得到进一步的锻炼，进而在承担了产品职能和策略职能之后，承担起更高一级别的职能——品牌管理。

第五章

品牌思维，市场部职能 3.0

　　没有自主品牌的企业，总给人一种"影子企业"的感觉，似乎总要依附于某个更加强势的市场参与者、品牌持有者、渠道商而存在。有品牌却无法进行有效管理的企业，则又像一个喝醉酒的巨人，虽然每一步都是自己走，却走得毫无章法，随时可能倒下去。

01

品牌历史，从标识到品牌多元化

品牌是你在别人离开你之后仍然能够记住的东西。

　　一百七十多年前，美国中部俄亥俄州重要的工商业城市辛辛那提，当时，位于此的，就是利用猪的油脂制作蜡烛和肥皂的小作坊。在辛辛那提的码头上，每天都有来自各地的商贩送来运走各种货物，被供应商包装好的产品凌乱地堆放在货场，等待客户的挑选。当时，美国军队向宝洁订购了一批货物，为了能清晰地与其他货物区分开，宝洁在覆盖此批货物的帆布上画一个记号。货物运走后，宝洁仍在使用那几张有记号的帆布。随后，产生了一个很奇怪的现象：印上标志的货物比没有标志的货物更受欢迎，尽管货物的品质是相同的。有些客商会不由自主地走到带记号帆布的货物堆，然后询问是哪个厂家生产的，而这个过程完全是下意识的行为。

　　当时的"宝洁公司"，最早意识到标志可以带来销量，品牌意识开始萌芽，于是开始有目的研究这种影响是怎么展开的。很快就发现，原来一堆货物需要十五天左右的时间售罄，如果印刷上标志，可以提前到八天，标志再大一点的话，时间会进一步缩短。最快的时候，仅用两个小时就销售一空。

　　于是，大家就纷纷效仿这种做法，这是个很简单的做法，在自己的产品包装上画上一个图案，一朵花或者一个西瓜，然后等着生意上门。

　　现在，所有的商品都有自己的商标，也可以说都有自己的品牌。这种情况，类似于当年辛辛那提的码头上，堆满了画着各种图案的货物。一百多年的演变，商业意识的成熟，让更多人都开始尊重品牌、重视品牌。

　　那么无论是一百多年前辛辛那提码头上帆布的记号，还是如今商业社会中琳琅满目的品牌，这个吸引着消费者，甚至说左右着消费者购买欲望的品牌，究竟是什么？

　　从结论上来说，**品牌是企业销售或传递给客户的一种精神价值载体，品牌承载着让客户精神层面愉悦的任务。**

　　它是一种人类生活中的认知模式。当与其他人互动时，无论是否有意，大脑都会自动给每个人贴上"标签"——这是对他们品牌的理解。比如，当提到一个熟悉的人，脑海中就会自动浮现出这个人的脸和对他的印象。这就是品牌的记忆模式。

这种品牌的记忆不仅体现在人与人之间的互动上，也同样适用于产品和服务。选择某个产品时，其实是通过品牌记忆和印象来作出决定的。脑海中的品牌形象会影响消费者的购买决策和消费偏好。

而产品和品牌是两个完全不同的东西，**功能层面的需求是由产品承载，精神层面的需求则由品牌承载**。

产品指的是具体能够解决某种问题的物品，它有具体功能、规格、指标，能解决具体问题。而品牌则基于产品，更要满足消费者的精神需求。

拥有相似功能性的产品很多，但这些产品往往会分属于不同的品牌，**而每种品牌，都代表着满足消费者不同的偏好**。

以键盘为例，如果从功能性来说，可以分为静电容键盘和机械键盘，从功能性上来说，都满足了基本的键盘输入功能，但它们面向的客户群体，或者说满足的客户偏好是不同的。前者满足的是键盘敲击时的绝对安静偏好，而后者满足的是键盘敲击时带来的轻快节奏偏好。

两者偏好满足的不同，决定了这两者各自的品牌理念、客户群体以及消费者购买偏好的不同。

因此，在现代社会中，品牌的影响力和个人情感的满足已经成为购买决策的核心因素。品牌不仅是产品的标志，更是情感与认同的象征。当人类生活水平提高后，对于快乐和感性层面的需求越来越大，越来越重视从品牌中获取的情感价值，而不仅是产品的功能性。这种变化标志着消费行为的深化，**人们的购买决策更多地依赖于品牌所带来的主观满足感**，哪个产品能给客户带来更多喜悦和快乐，消费者就倾向于购买哪个产品。

从企业的层面来说，品牌更是代表着企业的核心竞争力，品牌的价值在于它能够建立客户的信任和忠诚，超越了单纯的产品功能。一个强大的品牌不仅代表了产品的质量和功能，还传递了企业的文化、价值观和独特的市场定位。品牌能够影响消费者的购买决策，让他们愿意为品牌溢价支付更多，甚至在同类产品中选择价格更高的品牌。

那么对于企业的发展，为什么品牌会占据如此重要的地位，为什么仅仅做好产品，并不能让企业发展壮大，必须搭配品牌的经营？

02

品牌是企业价值的
外在体现

品牌不仅是产品的名称,它更代表了消费者对企业的总体认知,是消费者对企业价值、承诺和体验的整体感知。

研究表明，70% 的消费者需要使用品牌来指导他们的购买决策；50% 以上的购买行为是品牌驱动的；25% 的消费者声称如果购买他们所忠诚的品牌，价格则无所谓；72% 的消费者愿意多付 20% 的钱来买自己喜欢的品牌；50% 的消费者愿意多付 25%；40% 的消费者愿意多付 30%。

在如今的商业社会中，虽然商品品类已经日趋完善，但不少企业对于经营品牌，还是存有一些认知上的误区，经过我们的观察，大体上可以分为以下三类认知误区：

第一类：做品牌就是做产品

这一类认知在本质上并未理解品牌和产品的区别，也并未理解两者在企业发展中各自发挥着不同的作用。为了更好地理解这类认知的误区，不妨看看"苹果之父"，乔布斯是如何看待的。

在一次著名演讲中，乔布斯发表了他的品牌观：品牌首先要告诉世界我是谁，我代表了什么，我在这个世界上处于什么位置。

乔布斯认为最棒的营销案例是某运动品牌，这个品牌可以称得上是营销界史无前例的最强者。注意，这个品牌是卖产品的，卖鞋子，但当消费者想到这个品牌时，消费者会觉得它和普通鞋厂不一样。

他们的广告不怎么提产品。这个品牌的广告在表达什么呢？赞美伟大的竞技体育和运动员。它表达了他们是谁，它代表什么，即表达的是品牌的价值，而非产品的功能。

从这个品牌在世界运动鞋上的市场份额来看，它的品牌经营是很成功的，这也能帮助理解做品牌和做产品的区别在哪里。

第二类：做品牌就是打广告

这些企业在各类渠道豪掷千金进行铺天盖地的广告宣传，得到的效果却微乎其微。可以借助广告宣传品牌，但品牌形象的树立，绝不简单等同于铺天盖地的广告。

其中著名的例子是葵花品牌，"小葵花妈妈课堂开课啦"——当年的这句广告词可谓是深入人心。从 2014—2017 年，集团投入的广告费分别是 2.7 亿元、3 亿元、3.4 亿元、4.8 亿元，后来更是把广告费用翻了一番，达到了 8.2 亿元。在这高额广告投放的背后，换来的却是营收和净利润的大幅度下跌。从上面的例子能清楚地看到，品牌的塑造和广告的预算费用，并没有明确的正向关联。

第三类：大企业才需要做品牌

"小企业完全没必要做品牌"，此类认知的错误在于并未弄清楚，品牌的经营和企业的大小并无关系。

1999 年，当时还是小企业的四川眼膜公司将其研制开发的可采眼贴膜推向市场。可采初期因无广告支持，包装、价格与同类产品比无优势可言，销路一直未能打开。经过半年的市场研究、诊断与策划设计，可采眼贴膜推出了符合都市潮流的国际化包装，品牌概念也重新策划与设计，最终决定以保健品的营销模式销售。从 2001 年初开始，可采在上海市场以 30 多万元资金启动，三四个月打开了局面，随后实现良性循环，一年实现了近 2 000 万元的销售额，被业内人士广为称奇。从可采眼贴膜的品牌实例中不难发现，哪怕是仅仅以 30 万元启动的小企业，同样可以打造出让业内人士称奇的品牌。

上述三类认知，是我国企业中对于品牌经营的普遍认知误区。但为何用户会对做品牌有如此多的认知误区？其中一个最重要的原因，就是企业不清楚品牌经营能给企业带来什么样的收益，能给企业发展提供什么样的助力。

在讨论这个问题之前，必须搞清楚一个基本概念，即商品概念是什么？

商品中包含**两个关键要素：产品和品牌**，商品的最终定价是产品的功能价值与品牌的精神价值之和。而精神价值则涉及消费者对品牌的认知、情感和信任。最终，商品的价格反映了这两者的结合，影响消费者的购买决策。商品组成关系具体如图 5.1 所示。

```
产品        +        品牌        =        商品
 ↓                   ↓                   ↓
功能价值      +     精神价值       =      最终定价
(对问题的解决)      (为快乐而消费)
```

图 5.1　商品组成关系图

产品的功能价值是产品本身的实用性和性能，主要是对需求的满足。比如空气净化器的功能价值主要体现在改善空气质量的能力，它可以有效过滤空气中的灰尘、花粉、烟雾等，满足消费者对清新空气的需求。一些空气净化器具备空气质量监测功能，消费者可以随时了解室内空气状况，满足了对健康和舒适生活环境的需求。

而品牌价值则涉及消费者对品牌的认知、情感和信任，消费者在购买时不仅考虑产品的实际使用效果，还重视品牌所传达的形象和情感。

产品的功能价值与品牌价值在消费者决策中扮演着不同但互补的角色。功能价值直接满足消费者的实际需求，而品牌价值则通过情感和认知的连接提升消费者的购买意愿。在竞争激烈的市场中，企业若能同时强化这两方面，将更有可能赢得消费者的青睐，实现长期成功。

那么企业在实际运行中，如果只经营产品，会遇到什么样的问题？

如果只是依据产品功能确定，那么商品的价格就会偏低，企业利润也会相应降低。就好比人们常用的 A4 纸，只能依靠功能定价，缺乏品牌的差异化，利润空间有限。

如果企业只经营产品，且产品经营得还不错，大概率会被模仿，从而流失大量客户。

1876 年，席梦思先生用铁丝缠绕、编织，外面用结实的布口袋包起来，创造了第一张弹簧床，并用自己的名字成立了席梦思品牌。凭借弹簧床的专利与制造技术，席梦思在 1890 年成为全世界最大的弹簧床制造厂商，其产品成为高级床垫的代名词。

1935 年进入中国市场后，席梦思成为弹簧床垫尤其是高级床垫的代名词，但由于刚进入中国市场，席梦思的品牌概念在国内还不够强，消费者对其的概念仅仅停留在一个好用床垫的产品形象，正是这一点，市场上出现了大量的山寨产品，这些山寨品虽然外观相似，但质量和品牌价值相差甚远，消费者对真正的席梦思品牌产生了混淆，从而影响了席梦思的销售和品牌形象，失去了大量客户。

在这方面，相比于只经营产品，经营品牌带来的是更高的消费者忠诚度。迪士尼作为知名的影视公司，其消费者对于品牌的忠诚度是超乎市场预期的，以至于消费者愿意为迪士尼的正版周边公仔支付远超成本和市面上同款替代品的零售价。

如果企业没有经营品牌，将很难保持盈利的能力。有品牌的企业，在市场中拥有主动权，无品牌的企业容易任人宰割。

从短期来看，一家企业的竞争力是从其现时产品的特质和价格等因素派生出来的；而从长期来看，企业真正的核心竞争力是透过其品牌活力而表现出的文化性格。在国际商业市场上，较为激烈的竞争是产品竞争，相对稳定且较易于控制的竞争是资本竞争，最易掌控的竞争方式是品牌竞争，因此，只有构筑起品牌壁垒，才是锁定利润最稳妥的经营方式，这也是全世界商业巨头孜孜以求的终极目标！

中国企业经过这么多年的发展，其产品质量实际上有了长足的进步，许许多多企业的产品达到了国际一流水平，此时就更需要建立自己的品牌。

那么，对于中国企业来说，想要经营自己的品牌，究竟需要做什么？

03

品牌定位方法论

品牌不再是告诉别人它是什么，而是别人说它是什么。品牌必须在消费者心中有独特的位置。

企业想要建立并让大家认可自己的品牌，首先要做的就是了解品牌怎么被构建出来。从现代管理的角度讲，品牌的构建与运营可以精简为两大核心阶段，即战略筑基与战术深耕，企业的管理者需要了解这两个阶段的各自含义，然后对此进行实操。图 5.2 展示的是战略筑基与战术深耕两大阶段的步骤。

战略

战术

图 5.2　品牌构建与运营

战略筑基是品牌长期发展的基石，为品牌奠定坚实基础，这一阶段共分为三个步骤：**品牌定位**、**品牌发展规划**以及**品牌管理标准制定**。

战术深耕则是通过每年循环的工作，为品牌输出持续的内容，这一阶段共分成四个步骤：**需求研究**、**产品规划**、**新产品上市**以及**产品生命周期管理**。

一个成功的品牌，首先是一个能够在市场上站稳脚跟的品牌，通俗讲就是立得住。品牌立得住的首要要素是获得目标消费者的好感，即达成品牌的有效性。想做到这一点，品牌要做的就是找准目标消费者，并传递给消费者他们容易接收的信息。所以，对于构建品牌来说，定位就是首先要完成的任务。

品牌定位是品牌战略管理思想中的核心。本节从战略高度深入剖析，指导如何精准定位品牌，为品牌经营之路奠定坚实的战略基石。通过科学的品牌定位，企业能够清晰地认识到自身在市场中的位置，明确目标消费群体，从而制定出更加精准有效的品牌发展策略和市场营销方案，推动品牌不断向前发展。

在发展过程中，特别是对于那些已经运营七八年甚至二十年以上的企业，最大的挑战往往是初创时期的活力随着时间的推移而逐渐消退。许多企业可能陷入徘徊和迷茫的状态，尤其是在新兴销售渠道（如直播带货）的冲击下，传统企业面临着不适应的困境。现在需要面对全新的挑战：如何确保十年、二十年后，企业依然能够焕发活力，保持品牌竞争力。

回顾过去几十年，可以看到很多曾经风靡一时的品牌，比如佐丹奴、鳄鱼 T 恤等，曾经是市场上的佼佼者，但经过不到十年的时间，逐渐淡出。而与此同时，新品牌不断涌现，再过十年，又会有一批品牌消失，新的品牌继续占领市场。

品牌在一段时间后往往会显得老化，失去原有的活力。这种现象与中国快速发展的经济密切相关。**可以将中国的消费市场分为四个阶段：**

消费普及阶段：20 世纪 90 年代前，市场上产品稀缺，任何能够满足基本需求的商品都会有大量消费者购买。

消费升级阶段：20 世纪 90 年代到 2008 年前后，市场上的商品种类丰富，消费者开始追求更高品质和更好体验的产品。

消费分级阶段：2008—2018 年，消费者不再追求"最好"的产品，而是根据个人偏好选择多样化、个性化的商品。

消费创新阶段：从 2018 年开始，中国消费社会进入创新型消费阶段。人们开始注重数字化产品和服务的消费，例如在线购物、移动支付等，消费者更加注重智能、便捷、体验和个性化。人们会开始为了审美体验而买单。

当前，中国品牌管理的一个主要问题是品牌风格与新时代人群的脱轨。品牌初创时通常有明确的定位，针对特定群体或风格。然而，随着时间的推移，许多企业未能及时调整原有定位以适应当前消费者的需求。这种偏离使品牌难以紧跟时代步伐，无法有效吸引和满足新时代的消费者。

另一个关键问题是，企业内部对品牌的理解缺乏统一性。随着时间的推移，员工对品牌核心特色和定位的认知逐渐出现分歧。管理层与员工对品牌的定义常常相差甚远。这种内部不一致会导致品牌形象和市场推广方向的混乱，阻碍品牌的持续发展。

为了确保品牌的长期生存，品牌不应仅依赖短期的产品成功，而应定期审视自身定位，以确保与市场需求和消费者期待同步。同时，企业内部必须达成统一的品牌理解，以便形成清晰的品牌战略，推动持续发展。

国际企业在品牌管理方面积累了丰富的经验，例如苹果公司早已认识到，无论品牌目前表现如何，其定位和方向都需定期审视。一般而言，每隔五年，品牌应重新思考其定位，并进行适度调整。这种调整不是完全推翻已有定位，而是为了确保品牌跟上时代变化，继续吸引和满足消费者的需求。

那么，品牌定位该怎么做呢？

品牌定位的核心在于明确品牌针对的目标群体及其所承载的精神价值。通过品牌有效传递这些价值，进而赢得消费者的认可。

在管理学中，可以用一句更简单的话解释品牌定位，"品牌定位是指一个品牌在顾客的头脑中所形成的具体而确切的含义。它包括品牌的设计及传达的品类联想、品质联想、利益联想、价值联想的总和"。在产品尚未诞生前，就应该先明确品牌定位，根据品牌定位研发符合要求的产品。

比如宝洁收购吉列、威娜两个品牌之后，首先就是先明确品牌定位，然后再根据品牌定位选择合适的市场、经营方法、渠道供应等，逐步按照预期的定位建设品牌形象。伊卡璐的"洗护合一"就是品牌为其定位而做出的调整改变。但这种改变不能想当然，要根据产品本身的特质和目标市场的客观情况制定。

一个成功的品牌需要同时激发消费者的理性与感性。消费者的理性体现在对品牌的自主理解，而感性则体现在对品牌外在形象的主观评价。这两者共同构成了品牌定位的基础，即**品牌定位 = 品牌联想 + 品牌标志**。

品牌联想是指消费者在看到某一特定品牌时，从记忆中引发的各种想法，包括感觉、经验和评价等。这些联想可能源于消费者日常生活的各个方面，例如个人使用经验、朋友的推荐、广告信息以及市场上的多种营销策略。这些不同来源共同构建了消费者心中深刻的品牌形象，进而影响他们的购买决策。

根据我国知识产权局 2024 年中发布的数据，我国有效注册商标已达到 4 590 万件。要在如此庞大的品牌信息中脱颖而出并赢得消费者青睐，建立品牌在人们心中的联想至关重要。

品牌联想具体包含以下四类联想：

第一类是"价值联想"。它是指消费者通过品牌标志所产生的有关商品对消费者精神价值方面的联想，此类联想是居于产品本身功能之外的联想，它属于外延产品的范畴联想。钻石彰显永恒之爱，一句"钻石恒久远，一颗永流传"的广告语，便将一段刻骨铭心的爱情与一颗光彩夺目的钻石联系了起来，并在消费者心目中建立了一种发自内心的品牌价值联想。

因此，如果将产品消费群体定位为高端消费者，则必须建立高档的价值联想，所做的宣传推广策划也必须有品位。相反，如果将产品定位为大众消费品，则要贴近生活，塑造"实惠"的价值联想，否则就会让大众弃而远之。

对于新品牌，只要从核心精神价值里选择一个最合适的定位即可。但对于已经经营了很多年的老品牌，受到市场的反驱作用，对于老品牌的重新定位工作，企业则要慎重考虑。

在给某企业做品牌定位，探寻该品牌的精神价值联想时，找到了消费者的精神感受，总结出以下几个最常用的价值观取向，如图 5.3 所示。

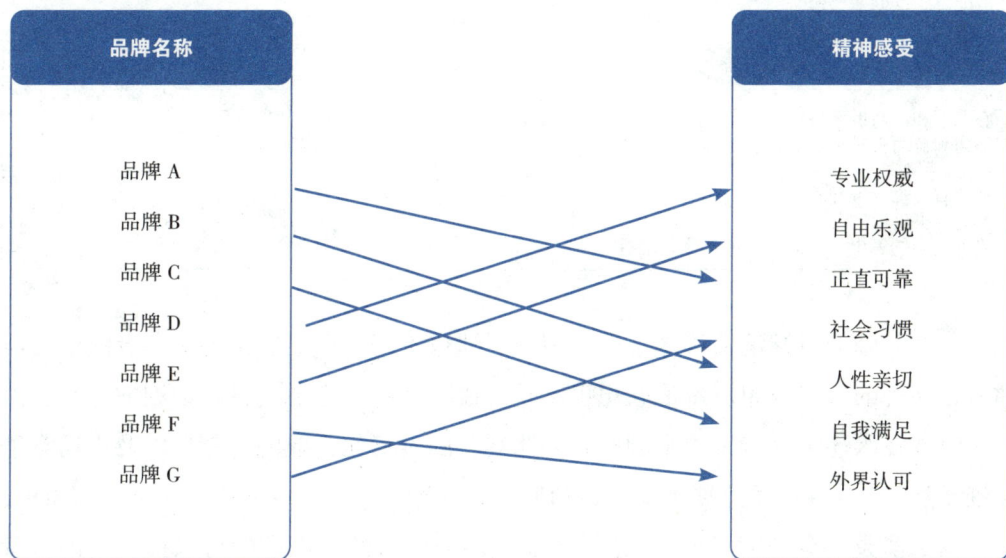

品牌名称	精神感受
品牌 A	专业权威
品牌 B	自由乐观
品牌 C	正直可靠
品牌 D	社会习惯
品牌 E	人性亲切
品牌 F	自我满足
品牌 G	外界认可

图 5.3　某企业价值联想示例

通过市场调研，在表 5.1 的选项里面，找到最符合品牌的精神价值。

表 5.1　品牌价值联想汇总表

价值联想	价值观取向参考
即使所有人都反对，都坚持自己认为正确的观点； 对任何事情都能提出创造性的想法； 各方面都出类拔萃； 注重细节、一丝不苟； 价值观取向参考； 敢于冒险； 知识渊博	（专业权威） 注重细节的、有能力、有实力的
有个性，自由奔放； 把握眼前的快乐； 努力追求有挑战性的生活； 追求自然之美与艺术之美	（自由乐观） 自由自在、追求快乐
追求纯洁的情感； 对于身边所有人都是忠诚可靠的； 任何时候都会主动承担责任； 对任何人和事都是正直无私的	（正直可靠） 正直无私、忠诚可靠、尊重事实
经常发生的； 经常接触的； 形成习惯、无法脱离	（社会习惯） 社会普及、大众习惯、必不可少的
任何时候都能保持愉快的心情； 关注身边每个人的需要； 接受所有不同的意见； 优雅体面、有绅士风度	（善解人意） 关心他人、理解他人
心态平和、与世无争； 不为利益而丧失自己的人格与尊严	（自我满足） 遵守自我规则
被所有人都尊重和赞赏； 努力追求舒适富足的生活； 追求崇高的思想与信仰、并愿意为之牺牲	（外界认可） 社会认同和成就感

每个品牌的目标消费群体不同，消费习惯也不同，企业要根据消费者的消费习惯确定品牌的价值联想。价值联想也不是一成不变的，宝洁刚进入中国的时候，由于当时洗发水还没有普及，走的是高端路线。随着日化行业的发展，以及市场竞争逐渐激烈，宝洁在中国主要产品的价值联想也不断地调整，以适应变化的外部需求。

第二类是"利益联想"。它是指产品或服务固有的、内在的可以提供给消费者的利益，是消费者购买产品最基本的动机，消费者购买产品，一定为了实现产品功能，而利益联想则关系到消费者的诉求能否被满足。需要做的是利用连线法将品牌定位与相关利益联想明确出来，选择关联度高且排序靠前的作为品牌备选利益联想。

利益联想可以细分为以下几类：

产品功能利益联想：指产品或服务固有的、内在的利益，直接关联到产品或服务本身的功能特性，是消费者购买时最直观、最基础的考量因素。比如，对于一款智能手机而言，其长续航能力解决了用户在外出时电量不足的焦虑，而出色的摄像功能则满足了用户记录生活、分享美好的需求。这些功能利益联想直接体现了产品的实用性，是吸引消费者的基础。

体验利益联想：与产品功能利益不同，体验利益联想侧重于消费者在使用产品或享受服务过程中所获得的非物质层面的满足感。这种满足感可能来源于环境的舒适度、服务的贴心程度，或是品牌所传递的生活态度和价值观。以星巴克为例，其不仅是一个售卖咖啡的场所，更是一个提供高品质休闲体验的空间。消费者在这里不仅可以品尝到美味的咖啡，还能在舒适的环境中放松心情，享受与朋友的交流时光。这种独特的体验利益联想，使得星巴克在众多咖啡品牌中脱颖而出，赢得了消费者的喜爱和忠诚。

通过这些细分，利益联想帮助品牌更深入了解消费者的需求和心理，从而制定更加精准的营销策略，增强消费者的品牌忠诚度和购买意愿。

主题游乐公园是旅游和娱乐产业重要的组成部分，《全球主题公园和博物馆报告》曾粗略统计，2023 年全球最大的 25 家主题游乐公园共接待游客 2.45 亿人次。在竞争激烈的市场中，迪士尼却始终保持一家独大的市场地位，原因就是它带给游客的体验是其他主题游乐公园无法比拟的。

单论园区所能提供的娱乐设施，其实每一家都差不多，无论是中国、日本还是欧洲、美国，游客们所热衷的无非都是各种过山车、跳楼机、水上项目、剧场体验等，那为什么游客独独青睐迪士尼呢？因为迪士尼在创办之初，就将主题公园与其自身的出版物、影视作品结合了起来，进而为游客提供了娱乐项目之外的文化体验。

例如在动画电影《疯狂动物城》取得成功之后，迪士尼立即将电影元素嫁接在了主题公园的各种项目上，仅这一举动就为迪士尼公园增加了数十亿美元的收入。而分析者也指出，一般游乐公园的收入，来自门票的占比往往超过60%，但这一数据在迪士尼却只占到30%上下，迪士尼的收入更多来自纪念品、餐饮等周边产业，而迪士尼之所以能够用周边产业盈利，是因为迪士尼是以营造全面的用户体验为核心竞争力的。迪士尼淡化了消费者以价格为核心的单纯的功能性选择，而将卖点转移到满足消费者的自我实现的角度上来，以营造全面的文化娱乐体验为手段，俘虏了全世界消费者的心。

第三类是"品质联想"。它是指消费者根据品牌标志所产生的有关品牌对应质量优劣的联想。这类联想是消费者对企业产品功能和品质的抽象评价，通常是在品类联想的基础上进一步深化认知。品质联想只可以向正面定位，不可以向负面定位，因为没有任何一家企业将自己的品牌品质联想导向低品质。为此，在确立品牌品质联想的时候，首先要挖掘出品牌的精神价值，把精神价值抽提出来，才能形成优秀的品质联想。

例如，看到某运动品牌标志时，消费者往往联想到高性能运动鞋和运动服装。该运动品牌通过赞助顶级运动员和大型赛事，不断推出技术创新的产品，如气垫鞋、透气材料以及智能运动装备，这些都极大地增强了消费者对品牌质量的认同感。

该运动品牌所传递的"优质运动装备"形象，不仅让消费者相信其产品能提升运动表现，还在心理上建立了品牌的权威性和可靠性。这种品质联想促使消费者愿意为其支付更高的价格，进一步巩固了品牌在市场中的竞争优势。

第四类是"品类联想"。它是指消费者通过品牌标志所产生的有关品牌代表物所对应类别的联想。当我们向消费者提到一个品牌时，他们首先会联想到是什么样的产品。比如说宝洁的"飘柔""海飞丝"这两个品牌，一看名字，很容易就能联想到这是洗发水品牌，即使从没接触过这两款品牌的消费者，也绝不可能把这两个品牌名字联想到饮料那里去，这就是品类联想的作用。

　　我曾经在一家制药企业做顾问工作，最初这家企业生产的药品销量并不是很好，但各方面的工作都在按部就班地开展，该投入广告就投入，该促销就促销。销量一直上不去，企业领导也百思不得其解。后来，经过品牌调研，发现了问题。消费者一直认为这家企业的产品是西药，而事实上，他们的主打产品却是中药。中药和西药的联想差距是很大的。这就是品类联想出了问题。

　　品类联想一定要基于消费者的心理诉求，找到消费者对该品类的心理未满足区域，然后尽可能地将品牌定位在该区域，让消费者对品牌品类一目了然，形成深刻的印象。

　　这样的品类联想，不仅提升了品牌的辨识度，还在消费者的心理形成了一种强烈的归属感，使其在众多品牌中脱颖而出，从而增加了消费者的购买意愿和品牌忠诚度。

　　总之，想让别人有效记住你的品牌，就必须明确品牌四大联想。企业经营品牌的一切活动，越符合品牌联想，就越有效果，品牌传播也就越快、越广、越有利，反之，如果违背了品牌联想，则品牌趋于消亡。

　　企业通过营造品牌联想已完成品牌定位的初步工作。然而，仅有品牌联想是不够的，企业还需要一些明确的载体，以为消费者提供直接的视觉和听觉体验，例如 logo（品牌标志）、口号和商品名。这就是品牌定位的第二项工作——品牌标志。

　　今天，每个人都能通过那个被咬了一口的苹果 logo 认出美国苹果公司。然而，在 1976 年创立之初，苹果公司的第一个 logo 却大相径庭。它是由联合创始人罗·维恩设计的，灵感来源于牛顿在苹果树下领悟万有引力定律。这个 logo 包含了牛顿坐在苹果树下的图案、条纹绶带、规则的框架和英文文字，象征着苹果对科技创新的追求。但对于一家科技公司而言，这个设计显得过于复杂，因此仅使用了一年就被弃用，随后采用了现在广为人知的简约苹果轮廓。

　　苹果公司这一 logo 的修改，可以说是创办初期最明智的决定之一。新的 logo 不仅更加简洁，而且更具识别度和传播性。在电影《阿甘正传》中，当阿甘打开自己投资的公司的股东信时，尽管他误以为自己投资的是一家水果公司，观众却能通过信件顶部的 logo 立刻识别出这是苹果公司，令人不禁会心一笑。

品牌标志的重要性在于它承载着企业的无形资产，是信息传递的关键媒介。作为品牌战略的核心组成部分，标志在企业形象传播中发挥着至关重要的作用，是应用最广泛、出现频率最高的元素。企业的整体实力、管理机制以及优质的产品和服务都通过标志得以体现，并在消费者心中留下深刻印象。

企业标志包括名称、logo、宣传语和包装风格等视觉元素，其中 logo 无疑是最为关键的部分。logo 如同品牌在消费者脑海中的钩子，能够促使他们形成条件反射。正因如此，企业管理者必须重视 logo 的设计。

研究表明，一个具有丰富精神价值和准确品牌联想的视觉形象系统，可以为企业节省至少 30% 的宣传资源，最高可达 50%。这意味着，优秀的视觉识别系统在品牌运营过程中能显著降低广告费用。如果我们能建立高效的视觉识别系统，就可以实现数百万甚至上千万广告效果的节省。因此，没有理由不在前期投入更多精力、更专业和更科学地打造这一系统。

一个优秀的 logo 应具备以下三个关键特性：

1. 可识别性

可识别性是 logo 的重要功能之一，它要求设计能够"抓眼球"，使受众一眼就能认出并记住。独特的标识能够有效区分企业、产品或服务，给受众留下深刻印象。

2. 可拓展性

logo 设计是企业视觉识别系统的重要组成部分。品牌形象包括多个方面，logo 是最重要的一环。其他元素，如工服、信笺、产品包装等，都应与 logo 的色调保持一致，形成统一的视觉风格。

3. 可革新性

logo 并非一成不变，随着时代和社会背景的变化，原有的 logo 可能不再适用。例如，壳牌石油和百事可乐的 logo 演变，正是品牌适应力的体现。

除此之外，还可以从以下两个方面判断 logo 是否标准：一方面设计创新是关键，但应兼顾"形"和"神"。在中国，艺术评价常在似与非似之间。许多西方企业以名字为主体，而中国企业往往以图形为主。因此，logo 的创意应尊重本土文化，尤其是企业独特的文化理念。另一方面 logo 带来的品牌联想是一把双刃剑：丰富的联想能迅速吸引消费者注意，提升传播效果；哗众取宠的 logo 可能放大负面影响，阻碍品牌传播。因此，在设计 logo 时，需规划好品牌的产品线，确保 logo 适应当前及未来的发展方向。

　　这两者共同构成了品牌定位的基础。品牌联想包括消费者心中对品牌的印象、故事和情感纽带，而品牌标志则是品牌视觉识别的核心，传达出品牌的核心价值和个性。

　　有效的品牌定位不仅要设计出令人难忘的标志，还需创造积极的品牌联想，使消费者在理性思考与感性体验之间产生共鸣，从而建立品牌忠诚度和市场竞争力。

04

品牌的塑造与优化

没有长期规划的企业，就像没有方向的船。品牌的成功和企业的未来取决于如何规划每一步。

　　罗马不是一天建成的，品牌也不是短时间内就能树立起来的。经营品牌，是一个"放长线钓大鱼"的过程。然而，人们经常看到这样的企业，它们用很短的时间做起来一个品牌，在市场上获得了"既叫好又叫座"的佳绩，甚至成为某一地区或某一领域的佼佼者。但当这种好事降临之后，企业踌躇满志想要将品牌打造成为一个下一个"百年老厪"时，品牌却突然被消费者抛弃了，连带企业也瞬间销声匿迹，仿佛从来没有出现过一样。

　　2003 年福建一家服饰公司以"德尔惠"品牌，迅速打开了市场。品牌以当时当红歌手为代言人，以运动鞋为主导产品，迅速赢得了年轻人的青睐，第二年，德尔惠总销售额突破 6 亿元。2005 年到 2013 年前后，在德尔惠发展最迅猛的几年，它连续被评为中国最具价值品牌 500 强。然而随着公司业绩增长，品牌名声越来越大，随之而来的便是各种经营问题集中爆发，数年之间，该品牌便丧失了行业领先的地位。时至今日，该品牌早已被其母公司转让给其他服饰公司，其市场影响力也完全不复当年之勇了。

　　企业千辛万苦打造了一个品牌，这本是一件好事，然而伴随这种好事的却是企业由此踏入了经营陷阱，进而将品牌的发展机会葬送了，这实在是让人扼腕叹息的事。然而，是什么导致了这样的悲剧总是发生呢？这就是企业的管理者缺乏科学经营品牌的意识，没有制定出科学的品牌规划。

　　一个品牌在获得市场认可之后，没有能够让影响力持续下去，没有能够突破品牌发展的瓶颈，本质是管理者对未来缺乏仔细和客观的规划。

　　管理学上将品牌规划定义为：企业为确定某个品牌的定位，制定其长期建设目标和建设总体工作计划的过程。通俗来讲，可以将品牌规划视为一个品牌在一段时间内（通常是三年到五年）的发展纲领，品牌的管理者要在品牌规划的指导和约束下，通过整合企业内部资源、协同各部分，来实现品牌资产的增值，突破品牌（乃至企业）发展过程中的瓶颈。

这里，需要对品牌资产这个概念进行了解。品牌资产指的是与品牌名称和标志相关联，能够为企业带来经济利益的无形资产。它是从管理学的角度对品牌价值的量化，在之前的内容中，曾提到过品牌可以为产品带来溢价，这种溢价就是品牌资产的核心。对于品牌资产，可以用这个公式来计算：

$$BE = S（年度销售额）\times O（溢价率）\times \gamma（行业年限，7{\sim}15年）$$

在以上公式中，行业平均回报年限是一个基本固定的常数，年度销售总额的提升空间有限，受到渠道、政策、环境、成本、自然资源等限制，只有溢价率的提升空间是无限的。因此，经营品牌是一项长远的战略投资，也是企业基业长青的关键所在。

所以说，品牌经营要做的最重要的一件事情，就是关注品牌溢价，要把消费者对产品品质的认可标志深深地烙印在溢价里，哪怕用十年的时间，甚至更长，来做好这一件事情，都是值得的。

获得品牌溢价，或者说提升品牌资产的好处在于，品牌资产带来的收益是可以持续累加的，其利润往往要远远超出产品（或服务）本身功效所能够创造的利润，也正因为如此，企业受产品（或服务）的成本波动影响较小。

正因为品牌资产是如此重要，所以，经营品牌才能够成为企业管理的重中之重，而经营品牌的另一个核心工作便是品牌规划。

品牌规划必要性在于，企业的品牌规划只能基于现有的资源展开，而企业资源往往是有限的，企业只有将有限的资源进行合理配置，才能够找到解决品牌发展的最优解。

当然，有的管理者可能会发出这样的疑问，如果是一家拥有无限资源的企业，是否就不需要品牌规划了呢？答案是依然需要。因为品牌的建设不但需要投入资源，还需要遵循一定的市场规律，妄图用堆砌资源的方式打破市场规律，最后的结果一定是以失败而告终。

一个品牌的成长就像一棵树的生长一样，没有水和肥料肯定是不行的，但浇了太多的水、施了太多的肥也不行，而且水和肥料的给予，需要依照植物生长本身的规律，否则便是揠苗助长。正因为经营品牌是一个细致的工作，所以品牌规划才是必要和必须的。那么，品牌规划应该如何展开呢？

在前文中，曾提到企业战略管理的 OGSM 模型，这个模型是企业进行战略规划的指导框架。作为企业管理的重要组成部分，企业在制定品牌规划时，也需要使用这一模型作为管理工具。

在品牌规划中，使用 OGSM 的用意在于，首先确定品牌发展的战略目标，然后将主要活动集中在目标的关键节点上生成策略，并对策略实施和考评，从而最终完成一个阶段的品牌发展目标。

那么，品牌经营者应该如何使用 OGSM 模型进行品牌规划呢？这个问题是要着重讨论的。

目的（objective）

目的指的是品牌在一个阶段需要达成的战略目标，或者工作的总方向。对于目的的文字描述，通常只是一个或两个方向性的描述，并且是质的描述，而不是量的规定。因为一旦用数据描述目标，那么后续实现的路径选择就变成了无数种，企业就无法准备资源，也无法配置资源。

阶段目标（goal）

阶段目标指怎样衡量达成目的过程中的阶段性进展，以及对目标的每年量化指数追踪，品牌经营的阶段目标应该是明确的、可量化的，并且可实现的。通俗来说，阶段性目标是目的的进一步细化，值得注意的是，品牌的经营者不能均化分布阶段性目标。

比如说品牌每年销售额要做到 120 万元，那么正好每个月的目标就是 10 万元，这是不对的。因为总会有销售淡季或者旺季，旺季的时候阶段性目标要高，淡季的时候就理应低一些。企业品牌战略也是如此，在企业品牌战略扩张阶段，会产生很漂亮的报表和业绩。反之，在企业品牌战略调整阶段，需要深耕市场，阶段性目标就必须低一些。如果平均分配阶段性目标，是不现实的，也是不可能被有效执行的。

根据企业发展规律，品牌的阶段性目标可大致分为生长期和收藏期，顾名思义，这两个划分就如同树木的生长一样，是生长和收藏交替进行的。品牌在生长期，表现为业务的扩张、销售额的增长、销售利润的上升；而进入收藏期，表现为利润率上升，企业在这一阶段要着重进行内部资源的整理和准备，以及组织结构的调整，以等待下一个生长期的到来。

执行策略（strategy）

执行策略是怎样完成阶段性目标的路径，通常包括业务策略和组织策略两部分。业务策略主要包括企业如何赢得品牌竞争优势的计划，组织策略主要包括企业如何配置资源实现业务策略。

评估标准（measurement）

评估标准指的是什么人在什么时间内达成了什么结果。制定评估标准的目的在于通过定期考量、及时检讨和调整，有效追踪品牌建设的过程。

需要指出的是，品牌经营者对成绩的考核一定要清晰具体，员工不能主观地认为自己完成了任务，任务的完成需要客观的数字来考量。这里要根据行业背景不同、企业品牌策略不同而制定，但一定要定期考核，及时检查，及时调整。

品牌经营者在使用 OGSM 模型后，能够落实到纸面的应该是一张描述准确的 OGSM 表格，见表 5.2。

表 5.2　品牌规划 OGSM 表

品牌资产现状	战略目标	阶段性目标	执行策略	评估标准

下面以某一化妆品、护肤品品牌在过去数年间的品牌发展规划为参考，看一看 OGSM 模型是如何起作用的。

该品牌在 2019 年的品牌资产为 5 亿元人民币，企业管理者品牌制定的规划为在未来六年成为中国市场中高收入女性高品质化妆和护肤品的领导品牌，进入高端品牌的第一梯队。

根据这一目的，品牌经营者将品牌阶段性目标分为三个阶段：

阶段一：收藏期，从 2019 年到 2021 年；

阶段二：生长期，从 2021 年到 2023 年；

阶段三：收藏期，从 2023 年到 2025 年。

根据三个阶段目标的不同，品牌经营者制定了如下策略：

阶段一：

①建立品牌 VI 系统；

②建立 3 个品牌小组；

③建立全面质量管理体系 TQC1.0；

④建立品牌日常管理手册。

…………

阶段二：

①策划不少于 50 场线下活动；

②约请一线明星代言；

③发布 20 款最新产品。

阶段三：

①跻身行业品牌榜单前 3 位；

②开发自有专利 2 项。

…………

然后，品牌经营者又为每一个阶段制定了可以量化的评估标准，如：

第一阶段：

销售收入：6 亿元 / 年；

利润率：12%；

人均利润：20 万元；

品牌资产：15 亿元。

第二阶段：

…………

第三阶段：

…………

最后，品牌经营者制定了 OGSM 表格，见表 5.3。

表 5.3　OGSM 表格

品牌资产现状	战略目标	阶段性目标	执行策略	评估标准
5亿元	为在未来五年成为中国市场中高收入女性高品质化妆和护肤品的领导品牌，进入高端品牌的第一梯队	阶段一：收藏期，从2020年到2021年	阶段一：①建立品牌VI系统；②建立3个品牌小组；③建立全面质量管理体系TQC1.0；④建立品牌日常管理手册。…………	销售收入：6亿元/每年；利润率：12%；人均利润：20万元；品牌资产：15亿元
		阶段二：生长期，从2021年到2023年	阶段二：①策划不少于50场线下活动；②约请一线明星代言；③是发布20款最新产品	销售收入：10亿元/每年；利润率：15%；人均利润：20万元；品牌资产：25亿元
		阶段三：收藏期，从2023年到2025年	阶段三：①跻身行业品牌榜单前3位；②开发自有专利2项。…………	销售收入：12亿元/每年；利润率：10%；人均利润：30万元；品牌资产：30亿元

　　当这样一张表格摆在案头之后，企业的管理者不但能够用它来指导企业品牌经营的各种活动，还能够对品牌经营的成果进行有目的的考评，进而对品牌经营进行实时监控，从而完成全面性的品牌管理。

　　一个企业，只有目的明确，才能有明确的行为模式、工作方向和盈利模式，才能够让自己的所有资源为围绕品牌这一企业发展的核心来发力，从而让品牌实现有序的、可持续的发展。不过，明确的模式，并不是品牌经营模式的结束，恰恰相反，品牌日常经营在这一步才刚刚开始，因为具体的规划需要切实的工作来完成，而企业日常工作是没有止境的，管理者需要在日常的管理中，制定出具体的管理细节去保障规划的完成，并根据现实的变化或各种突发性事件来重新完善品牌管理细节，这个工作就是接下来要讲到的品牌日常管理。

05

品牌的日常管理

质量意味着做对的事，而不仅仅是做事。成功的品牌不是凭借一时的亮点，而是通过不断的精益求精和对细节的坚持。

　　品牌经营是一项循序渐进的系统性管理工作，品牌管理者在明确了品牌定位并制定出系统的品牌规划后，应该如何进行品牌的日常管理呢？

　　品牌日常管理由品牌传播和品牌管理两个主要方面构成。

　　品牌传播是将品牌信息有效传递给目标受众的过程。常见的品牌传播方式包括商业广告、推广活动、社群运营、公共关系管理等，这些活动对于市场部人员来说并不陌生，因为它们构成了日常工作的核心内容。根据市场部项目化管理的要求，市场人员在进行品牌传播时，需要根据企业的实际需求和目标受众的偏好，选择最合适的传播路径和方法，从而启动相应的市场项目。

　　正如麦克卢汉所言，媒介的形式本身塑造了人们接收信息的方式和内容。在微博等社交平台上，信息的传播不仅仅局限于文字、图片和视频的单纯转发，更是一种互动体验。用户通过"转发"和"评论"不仅传递信息，还在信息的流通中融入了个人的理解、情感和观点，进而赋予信息更多元和复杂的意义。

　　微博的热搜榜单是一个典型的例子，它将用户的互动行为（如转发、点赞、评论）与算法结合，形成了"热点话题"。通过热搜榜单，某个事件或话题可以迅速得到大规模的关注与讨论。实际上，这一机制不仅是信息的传播，它本身也在塑造公众对某一事件的关注焦点和讨论方向。

　　通过微博这一新型媒介，信息的传播不再局限于传统的单向传递，而是转向了一个高度互动的、去中心化的传播模式。

　　公关（公共关系）在营销中也扮演了至关重要的角色。公关的核心是通过有策略的沟通与公众进行互动，以建立和维护企业或品牌的正面形象。**公关不仅是做广告，更强调通过第三方渠道，借助媒体、专家、政府等权威机构的影响力，来为品牌或产品背书，从而增加公众对其的认同感与信任感。**

　　媒体公关是最常见的一种方式。在这个过程中，企业并不直接在广告中宣传自己，而是通过新闻报道、采访、专题节目等方式，创造"看似客观"的品牌宣传。例如，产品发布前，企业通过邀请媒体、记者参加发布会或媒体见面会，来让产品得到广泛报道，这种报道通常会被视为"独立且具有公信力"的信息来源，而非直接的商业推广。

除了媒体，政府和专家也往往成为企业公关的另一支力量。企业可能通过资助研究、邀请专家发表意见、与政府合作等手段，来借助这些权威机构的认可，提升自己的公信力。例如，某些高科技产品可能会通过获得专家认证或政府批准来增加其市场的认可度和消费者的信任。

当企业因为产品质量、服务问题或道德风险等原因受到负面报道时，公关的角色就变得尤为重要。企业需要迅速应对，采取危机公关策略，包括公开道歉、解决问题、发布澄清声明等方式，以挽回品牌形象并尽量减少损失。

公关的效果并不是单向的，也不是所有的公关活动都是正面的。公关既可以帮助企业树立正面形象，也可能因为处理不当或信息失误，导致负面效果。因此，企业在做公关时，需要注意信息的精准性和透明度，避免出现因误导或隐瞒信息而引发的信任危机。

有效的品牌传播能够提高品牌的知名度，塑造品牌形象，增强消费者的认同感，现代社会，信息传播的渠道多种多样，既有传统的地面广告和电视电台媒体，又有新媒体和移动互联网社群，这就使得品牌传播的方式变得越来越多样，这也是市场部人员所要面临的挑战之一。

品牌管理：更专注于维护和提升品牌的长期价值，工作主要从**品牌监测和品牌一致性**两个方面进行展开。

品牌监测：管理者需要定期评估品牌的市场表现，包括品牌知名度、市场份额和客户满意度等指标。这有助于企业识别品牌的优势和弱点，从而进行必要的调整。

品牌一致性：管理者需要确保品牌在所有接触点上的表现一致，包括产品质量、客户服务和市场推广。这种一致性有助于建立消费者的信任，增强品牌忠诚度。

良好的品牌管理能够维护品牌形象，保证品牌稳定健康的发展，确保品牌在市场中的持续竞争力，进而给企业带来稳定的收益。

就像品牌传播一样，对于市场部而言品牌管理涵盖的常规型项目也有很多，在这里只展开讲解其中一个重要的工作——**制定和落实品牌管理手册**。

制定和落实品牌管理手册，是确保品牌一致性的重要工作，一个执行力强的市场部，能通过品牌管理手册为很多品牌经营过程中的工作提供预案，提升处理品牌突发性事件的能力，减少品牌经营过程中的波动，甚至帮助品牌经营走入标准化管理模式。那么，到底什么是品牌管理手册呢？

管理学上将品牌日常管理手册定义为品牌定位和品牌规划的书面化体现和实施策略。它是品牌经营的纪律，是基于品牌定位对接触点的最低标准的量化描述，即BBI（brand behavior identity）——品牌行为规范。

品牌管理手册是品牌的保护层，它可以让企业行为（具体到每一个员工的行为）都能在一个可控的框架内展开，从而避免因为行为不当而导致品牌受到伤害。因为，品牌管理手册的存在，统一了员工（含基层执行人员）对做事的基本工作质量与标准，这一方面符合品牌运作的基本要求，另一方面也方便员工执行与操作，从而提高员工的工作效率和决策速度。

品牌管理手册存在的最大意义还在于，它将企业对于品牌的思考，从零散的、临时的思考过渡到系统的、整体的思考，从而方便品牌经营者对品牌进行全方位的强化与管理。

品牌管理手册制定时，可以从以下三个方面进行：**品牌的管理规定、品牌接触点实施标准、品牌日常管理流程**。

一、品牌管理规定

品牌管理规定是现阶段品牌管理工作纲领性的书面规范，它规定了品牌经营的参与者和参与者承担的职能，可以帮助不同岗位的员工一目了然地了解自己在品牌经营中所处的地位、承担的职责和权限。涉及的主要角色有：品牌管理委员会、品牌管理负责人和员工。

品牌管理规定是对内部行为的规范，而品牌如何在市场上发挥影响力，如何影响消费者的购买行为，则需要通过制定品牌接触点实施标准来完成。

二、品牌接触点实施标准

品牌接触点是消费者与品牌互动的具体现实场景，这些具体的场景一步步加深着消费者对于品牌的联想。因而，制定品牌接触点实施标准，需要通过规范企业行为，尽量让消费者获得统一的品牌体验，例如，某电商公司的其中一条品牌接触点标准是寄送给客户的快递必须使用统一的带有公司 logo 且是双层的纸箱。再比如某服装品牌定位是年轻、清新的小众品牌，在其品牌管理手册当中，明确规定了需要寻找品牌符合他们品牌调性的偶像或电视节目进行合作。

制定品牌接触点实施标准的具体步骤如图 5.4 所示。

```
┌─────────────────┐      ┌─────────────┐      ┌─────────────┐
│ 回顾品牌定位，确定 │  →   │ 梳理品牌接触点 │  →   │  制定接触点  │
│ 品牌关键信息      │      │             │      │  实施标准    │
└─────────────────┘      └─────────────┘      └─────────────┘
```

图 5.4　品牌接触点实施标准步骤

品牌管理规定和品牌接触点实施标准约束了企业内部工作人员的行为，让企业品牌管理更加规范化、标准化。规定制定之后，落实在品牌经营的日常工作中就是具体的品牌日常管理流程。

三、品牌日常管理流程

品牌日常管理流程是品牌的监管机制，主要目的是根据实际的经营情况，对企业行为进行监管，对问题进行总结和备案，对品牌管理进行迭代。

品牌日常管理流程包括三个方面：

一是品牌管理手册实施监管流程；

二是品牌突发事件管理流程；

三是品牌管理手册修订流程。

品牌日常管理手册并不是一劳永逸的工作，如之前讲过的那样，管理者需要根据现实情况的变化对管理手册进行迭代改进：

①收集和整理与品牌管理相关的各种资料；

②重新梳理品牌日常管理手册大纲；

③品牌管理委员会审核重新梳理的大纲；

④大纲审核通过之后，确定新的品牌日常管理手册大纲；

⑤重新梳理品牌接触点；

⑥确定品牌接触点实施标准；

⑦更新品牌日常管理手册；

⑧在企业内部传达并宣导新的品牌日常管理手册。

制定和落实品牌日常管理手册是品牌日常管理的工作中非常重要的一环，它与其他品牌的日常管理行为一起构成了品牌的日常管理，而品牌的日常管理、品牌规划与品牌定位一起，构成了市场部经营品牌的工作体系。

如果将经营品牌的工作看作是一个金字塔，品牌日常管理手册便是构成塔基的一块砖，这块砖当然不是金字塔的全部，但缺少了这块砖，整个金字塔也会发生松动。

综上所述，企业的品牌经营活动是一个复杂而系统的工作，市场部在这个工作中既要发挥中枢指挥的作用，又要承担具体的项目。因此，市场部的工作人员需要不断地学习和巩固相关管理知识，掌握相关的管理工作，让自己变得更加专业。当市场部人员能够熟练地使用这些管理工具后，就可以从容地面对市场，让品牌发展步入健康的轨道了。

第六章

专业市场部
人员培养

  市场营销的核心不在于渠道和资源，也不在于投入多少资金，而在于拥有优秀的团队。在这个时代，不专业的市场营销人员太多了，要想开拓好市场，关键是要组建一个真正热爱产品、懂得用户、好奇求知并且有足够专业知识的团队。

01

市场部人才体系建设

　　最成功的企业并不是靠从外部引入顶尖人才，而是从组织内部培养并发现那些有潜力的人才，让他们有机会施展才能。

人才是管理理论的实践者，也是市场部职能的核心执行者。对于企业而言，寻找和培养优秀的市场部人员是市场部建设成功的关键所在。

奥米德·阿夫沙尔被商业媒体誉为"马斯克的接班人"，《财富》杂志更是将他形容为"特斯拉最有权势的人"。他不仅能够代替马斯克出席公司的重要活动，在决策层面，他也能对马斯克产生影响。阿夫沙尔对特斯拉的最大贡献，便是在市场部的建设上。作为长期负责市场部的核心人物，这个曾担任滑雪教练的人，非常重视市场团队的人员培养。在全球范围内，他成功打造了一个能够应对不同地域文化的市场团队。正是这一团队，帮助特斯拉在电动乘用车市场中脱颖而出，并使得特斯拉的品牌影响力超越汽车行业。

企业是否拥有优秀的市场部人才，直接决定了市场部在产品、战略和品牌等关键领域的执行力，从而影响企业的当前表现与未来发展。一个高效的市场部团队不仅能增强企业的竞争力，还能全面推动品牌价值的提升。

市场部的人才来源主要有两个途径，这与其他部门的招聘方式相似。

第一种途径是通过**外部招聘**引入新鲜血液。

第二种途径是通过**内部选拔**与培养，提升现有员工的专业能力，以满足市场部的需求。两者相结合，能够为企业提供多元化的人才资源，从而确保市场部的卓越运作。

外部招聘的人才来源较为直接，招聘周期通常较短，特别是在管理者借助工具时，能够迅速为市场部找到合适的人才，这对于急需填补技能空白的市场部尤为有效，具有"即插即用"的优势。外部人才往往带来不同的经验和视角，新颖的观点带动原有的市场部，有助于团队打破固有的思维局限，一定程度上推动技术与管理的双重创新。

然而，外部招聘也可能带来一些挑战。外部人员可能会带有原公司文化的烙印，固有的工作方式和思维方式较为明确，可能与企业现有的文化和工作氛围存在不匹配之处。这种差异可能导致与市场部原有成员产生理念不和，甚至出现冲突的情况，进而影响团队协作与整体工作氛围。外部人员由于对企业文化缺乏深刻理解，可能难以产生强烈的归属感，企业的凝聚力和向心力削弱。此外，外部招聘的市场部人员在面对其他公司猎头挖角时，可能因归属感较低而容易流失，给市场部的工作带来不确定性。

迪士尼是全球领先的传媒与娱乐产业企业，影视内容创作一直是该公司的核心业务，然而在 2020 年到 2023 年连续几年间，该公司却连续解雇了多名在内容创作方面负责的企业高管，原因几乎都是"与企业文化格格不入"。

2023 年 6 月，迪士尼在解雇某个高管时，又一次直截了当地对外发布该高管"不符合迪士尼的企业文化"的信息。该高管原就职于美国另一大电视新闻传媒集团，迪士尼通过企业并购留用将其收入麾下，本来指望他能够带领迪士尼内容创作团队成功转型，应对来自新兴互联网企业的冲击，然而没想到该高管进入公司管理层之后，却无法融入迪士尼的团队文化，工作开展十分不利，两年时间内成绩寥寥，将大量的精力都放在了与团队成员的内耗上。最终，迪士尼只能选择赔偿大笔违约金，将这名高管解雇。

从管理理念、企业凝聚力以及团队稳定性的角度来看，外部招聘经验丰富的市场部人员可能对企业产生一定的负面影响，因此，企业在选择外部人才时应保持审慎态度。相比之下，内部培养市场部人才能够最大限度地规避外部招聘带来的问题。内部员工对企业文化已有较强认同感，能够与管理团队默契配合，工作效率较高。此外，企业内部人员的流动不仅能够促进组织活力，也有助于挖掘和培养具有潜力的市场部人才。因此，许多成功的企业都将内部培养作为市场部人才发展的重要途径。

通过合理的外部招聘与内部培养相结合，企业能够打造出一个既具创新能力又具凝聚力的市场部团队，为企业的长远发展奠定坚实基础。企业内部的人才培养是有迹可循的，企业首先要做的就是在内部寻找到有市场部潜力的员工，对于如何判断一名员工是否有市场部潜力，第二章提及市场部员工选拔标准应该具有情怀等。在本节中，将把这些标准进行细化，可以参考一些成功企业的经验。

丰田、宝洁和谷歌的成功经验揭示了高效市场部人员的核心素养，这些企业对员工的选拔标准强调了不同素质在面对挑战、解决问题和团队协作中的重要性。丰田汽车的生产方式强调持续改进，员工要有责任心和使命感去发现生产过程中的问题，并积极提出改进措施。宝洁通过分析与解决问题案例竞赛，评估候选人该项能力，关注其遇到问题的分析思路和制定对应的解决办法。谷歌的领导文化鼓励候选人展示其在团队中如何影响他人，面试时，候选人可能需要分享一个具体项目，描述在面对挑战时如何带领团队，解决冲突，达成共识。

由此看出这些公司对员工素养的重视，本书总结出优秀市场部员工必备的八大素养。企业可以根据这些素养来评估员工是否具备成为市场部人才的潜力：

责任心与使命感。具备主动发现问题并解决问题的意识，能够承担责任，做到有始有终。

领导能力。能明确描绘未来蓝图，激励他人，为团队提供清晰的方向，善于分享方法和经验。

分析与解决问题的能力。具备清晰的逻辑思维，能够迅速识别问题本质，并提出行之有效的解决方案。

沟通能力。能够有效传达想法，主动倾听，具备换位思考的能力，懂得如何与他人协调并达成共识。

优先级设置能力。能够在复杂的任务中明确优先级，合理安排工作，确保高效达成目标。

计划能力。具备战略眼光，能够制定长远规划并在实施过程中进行灵活调整，提前预见潜在挑战。

团队精神。不排斥团队中能力较弱的人，能够做到合理分工、协作共赢，避免个人英雄主义。

创新能力。具备批判性思维，不断反思自身工作，勇于尝试新方法，拥抱变化，推动工作持续创新。

总体而言，成功的市场部人才不仅需要扎实的专业技能和创新思维，还应具备出色的团队合作与问题解决能力。在企业培养和选拔市场部人才时，注重这些核心素质将有助于推动市场部的整体发展，并助力公司战略目标的实现。了解市场部所需的核心素质后，企业的下一步应是识别并招募具备这些素质的人才，或者通过培训与发展提升现有员工的相关能力。培养和引进人才的方式大致包括内部轮岗和校园招聘。

内部轮岗。内部轮岗是一项行之有效的员工培训手段。市场部是整个企业的"大脑"部门，为了提升该部门员工的综合能力，把上述具备市场部潜力的员工挑选出来进行轮岗，让其在不同业务环节中得到全面锻炼。通过这种方式，员工能够在实践中提升素质，深入了解公司整体业务流程，进而发展成具备市场部所需综合能力的人才。随着时间的推移，这些员工将更好地适应市场部的需求，为企业贡献更大价值。

校园招聘。企业的持续发展依赖于源源不断的人才补充，校园招聘是吸引新鲜血液的有效途径。通过招聘大学毕业生作为管理储备生，企业可以为其提供系统的培训与实践机会，培养他们成为市场部的重要成员。由于大学毕业生通常尚未固定思维，因此，校园招聘不仅是吸纳新人的途径，也是企业内部人才培养的一个起点。

在校园招聘过程中，企业需识别应聘者是否具备市场部所需的潜力。然而，招聘环节通常较为简短，如何高效判断人才的素质至关重要。为此，推荐采用宝洁公司开发的八大素养结构化面试方法。这一面试方法能够系统评估应聘者的核心素质，帮助企业快速识别适合的人才。

通过结合内部轮岗与校园招聘，企业能够在不同发展阶段培养并引进符合市场部需求的优质人才，从而为未来的持续发展提供强有力的支持。在人才筛选过程中，采用八大素养结构化面试方法是一种高效且系统的方式。这一方法的核心是通过面试问题引导求职者分享自己过去经历中印象深刻的五个故事，可能是具有挑战性的事件或令其感到自豪的成就。这些故事往往涵盖了上文提到的八大素养。面试官通过倾听故事中的细节，捕捉求职者在特定情境下展示的素质，从而全面评估其潜能。

　　例如，某位求职者分享了一次大三时动员全班同学一起去旅游的故事，详细描述了活动组织的过程和同学们的参与情况。这个故事体现了"蓝图描绘"这一素质点，面试官在听取过程中便可以根据该素质点的体现程度为其打分。如果这个求职者在讲述的五个故事中，领导能力的素质在三个故事中都有体现，那么他在领导力方面的潜力便可得到满分。

　　通过这种结构化的面试方式，企业不仅能够有效评估求职者的核心素质，还能更加精准地识别出符合市场部需求的优秀人才。在面试过程中，面试官会根据求职者在八个关键素质方面的表现来打分，每发现一个与素质相关的事实，便会为其加上一到两分。最终，综合总分可以帮助企业判断求职者是否符合培养标准或招聘要求。为了便于实际操作，下面将提供一份结构化面试的记录要点表格，供读者在面试过程中参考使用，见表6.1。

表 6.1　结构化面试记录要点表

素养点	事实/证据	权数	0~5分	得分
①责任心与使命感				
②分析与解决问题				
③领导能力				
④沟通能力				
⑤优先设置能力				
⑥计划能力				
⑦团队精神				
⑧创造能力				
备注：				
			总得分：_____	

　　结构化面试是一种具有可量化标准的面试方法，不仅是企业吸引优秀人才的关键途径，还帮助企业建立了标准化的面试流程——通过数据化评估应聘者与企业需求之间的匹配度。

　　综上所述，招募到优秀的市场部人才是企业构建高效市场团队的基础，因为只有找到合适的人才，企业的制度和管理方法才能真正发挥效能。那么，招到人才后，企业的下一步就是提升员工的能力，将其内在素质转化为实际的解决问题能力。在这一过程中，需要深入了解市场部人员应具备的具体能力，以确保他们能够在实际工作中创造出最大的价值。

02

市场部人员的能力
量化管理

　　企业最重要的投资是在人身上。员工，尤其是市场
部的人员，若能不断提升自己的能力和创造力，将为公
司带来无穷的价值。

在企业找到合适的人员后，下一步就是如何对他们进行重点培养，使其成长为称职的市场部人员。人才培养的方向应围绕市场部工作中所需的关键能力展开。那么，专业的市场部人员需要具备哪些能力呢？在回答这个问题之前，首先需要从科学管理的角度理解"能力"这一概念。

在管理学中，能力通常被定义为"解决问题的正确行为习惯"。这种习惯不仅影响员工的工作效率，还决定了他们在面临复杂问题时的反应和决策质量。

对于市场部人员来说，他们所需的能力可以分为三大类：**基础素养、管理素养和专业素养**。这三种能力分别代表了不同的个人素质，每种素养在实际工作中都发挥着至关重要的作用，如图 6.1 所示

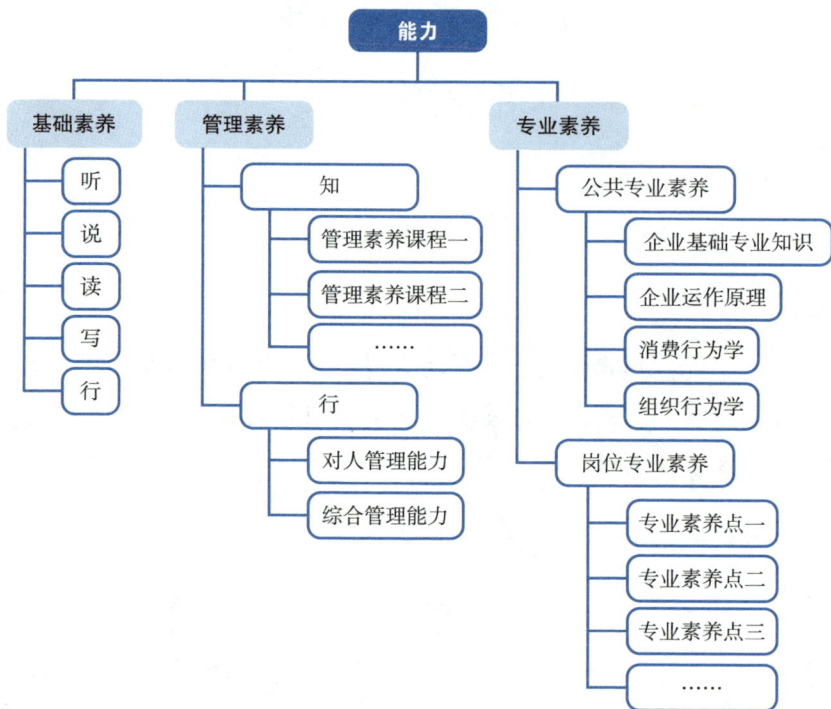

图 6.1　市场部人员能力划分

一、基础素养

基础素养也可以称为职业习惯，宝洁公司将这一方面的能力定义为"听、说、读、写、行"这几个方面的习惯。每一个进入宝洁公司的员工，都需要在培训期内掌握这些习惯，就像士兵入伍训练一样，只有掌握最基础的立正、敬礼、踢正步，才有资格学习射击、驾驶等更高级别的能力。

"听" 指的是商务聆听，也就是建立商业的思维习惯，能够正确理解商务人士话语的中心意思。"聪明"这个词中的"聪"指的是听的能力，不仅是听得到，还要听得懂，这反映一个人接纳信息和整理信息能力。

"说" 不是不着边际地说，更不是语无伦次地说，而是专业性更强的商务演讲。一个现代的职业经理人，尤其是管理者，必须具有很强的语言表达能力，只有自己懂是不行的，必须把自己的信息很准确地传递给别人。

"读" 指的是对商务概念的理解，就是对企业内部所涉及的各种关键性词汇有一个系统的理解。什么是品牌？什么是产品？什么是终端？什么是安全库存？很多人认为这些常用词汇没必要定义，但实际上，每个人对这些常用词汇的理解都有所不同，这将导致企业各部门在协调配合上出现问题。

"写" 指的是写计划、写总结、写便条，并不是一般场合的书写，而是一种商务写作习惯。当下，许多公司的商务公函都像私人信件一般随意，语句不严谨，行为的逻辑性也明显不足。很多企业公关部门的"辟谣公告"，且不说事实表述是否准确，内容表达都不甚清晰，这是完全不行的

"行" 就是项目管理，这项基础素养能力就是用项目管理的方法，对企业日常工作进行管理。在宝洁公司，每一个员工都需要接受项目管理培训，以更好地融入企业日常管理运作之中。

二、管理素养

管理素养就是组织管理的能力，宝洁公司建立了不同年级的管理大学，专门培养员工组织管理的能力，要求不同岗位职级的员工要完成对应年级管理大学的课程

学习。

事件结构模型的不同层级员工需要完成不同管理大学的课程，如图 6.2 所示。

活动执行人员需要学习管理大学一年级的课程，这是他们晋升任务经理的必要通道；

任务经理需要学习管理大学二年级的课程，以掌握更多项目管理的方法与技巧，朝项目经理的方向发展；

项目经理要学习管理大学三年级的课程，只有具备这一课程的管理素养和能力，才有可能独立领导一个部门。

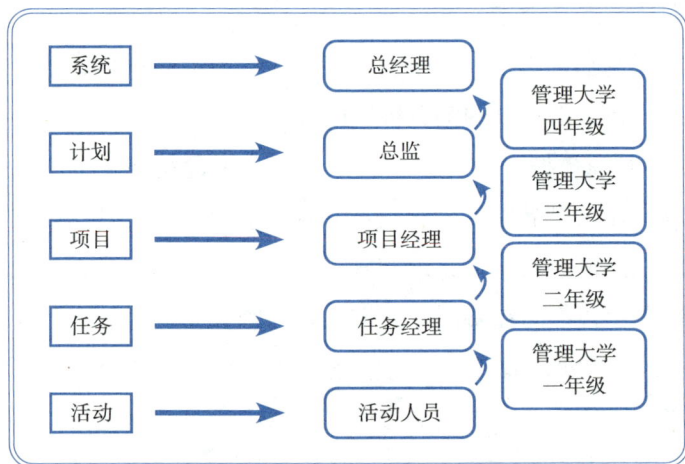

图 6.2 不同层级对应学习管理大学课程

不同年级管理大学的具体课程是完全不同的，如图 6.3 所示。

管理大学一年级主要学习一些基础的管理理论和管理方法，目的是让刚接触管理的员工了解什么是管理。

管理大学二年级的课程要更丰富一些，但也多是一些通用的管理知识。

管理大学三年级员工要学习一些影响企业发展大局的能力，比如年度经营计划管理、组织架构与编制管理等。

管理大学四年级接受学习的基本都是部门总监级别以上的员工，他们所需要掌握的能力，就是如何为企业这艘航船掌舵、怎么制定战略规划、如何用制度约束下属行为。

管理大学 四年级	组织行为学三 战略规划制度	企业文化建设 高级人才管理	
管理大学 三年级	组织行为学二 年度经营计划管理 部门战略规划 规则建立（原则与标准） 组织架构与编制管理	危机管理 部门文化建设 下级性向分析与培养晋升	
管理大学 二年级	组织行为学一 中级项目管理 职业规划 流程建设与优化	沟通与冲突管理 人员性格分析与任用	品牌量化管理 目标成本与预算 产品供应链概述
管理大学 一年级	管理者职业与素养 管理的原则与方法	与上级工作 直接经理的职业与工作内容	团队建立与角色划分

图 6.3　管理大学课程设置图

三、专业素养

从上面的介绍可以看到，管理大学所有的课程都围绕管理而设计，不讲营销，也不讲业务，只立足于管理，其目的在于帮助员工提升管理素养，至于在具体工作上的能力，则是通过专业素养来体现的。

专业素养指的是员工在工作中对具体方法、流程和标准的掌握。不同部门的专业素养要求各不相同，市场部尤其强调对市场动向的敏锐洞察力。

一般在企业中，可以将市场部的专业能力根据难易程度对应所需掌握时间，划分为三个等级，分别为初级、中级、高级。具体内容见表 6.2。

表 6.2　市场部专业能力等级分类（参考）

等级	时间	内容
初级能力	1～3个月	公众号日常更新与管理、官网搜索引擎优化与内容更新等
中级能力	3～12个月	市场调研设计、专业数据收集、专业数据分析、概念开发等
高级能力	1～3年	年度经营计划管理、危机管理、部门战略规划等

　　市场部人员的通用专业能力，可以划分为表 6.3 和表 6.4 所列内容。具体所需能力需要结合企业实际需要。

表 6.3　市场部部门专业类技能列表（参考）

来源	技能名称	技能定义	流程判断	等级	精级	素养分
市场部通用技能	调研设计	熟练掌握问题识别、调研目的确认、调研对象确认、模型选择、信息列表生成、信息收集方式制定等流程，最终输出调研问卷的技能	√ 但需专业化	中级	专业	3
	专业数据收集	熟练掌握设计调研抽样方式、定量问卷发布与收集、定性深访等流程，最终输出数据库的技能	×	中级	专业	3
	专业数据分析	熟练掌握基于模型，运用spss、matlab等数据分析软件对数据进行处理的流程，最终输出数据分析报告的技能	×	中级	专业	3
	概念开发	熟练掌握概念开发流程，最终输出产品概念卡的技能	√ 但需专业化	中级	专业	3
	宣传软文撰写	熟练掌握宣传软文撰写流程，最终输出宣传软文的技能	√ 但需专业化	中级	专业	3
年度经营计划制订	年度计划制订组织	熟练掌握通过战略回顾组织、年度目标确认沟通组织、各部门分类打包回顾与更新组织、营销策略生成组织、需求传递组织等流程，最终输出年度经营计划（签字版）的技能	√ 但需专业化	初级	专业	1
	营销策略生成	熟练掌握基于模型生成营销策略的流程，最终输出下一财年营销策略的技能	√ 但需专业化	中级	专业	3
官媒更新与管理	公众号更新与后台管理	能通过熟练掌握公众号后台规则与运营方法、公众号文章排版与美化流程，最终输出公众号文章的技能	√ 但需专业化	初级	专业	1

续表

来源	技能名称	技能定义	流程判断	等级	精级	素养分
官媒更新与管理	官网搜索引擎优化与内容更新	熟练掌握官网更新流程与搜索引擎优化流程，最终输出更新及时、搜索引擎自然排名靠前的官网的技能	√	初级	专业	1
抖音平台推广与运营	抖音日常内容策划与运营	能够制定抖音日常短视频内容推广策划方案，掌握抖音短视频发布规则、推广的规则、投放目标设定，能够处理私信、评论，输出日常短视频内容推广策划、日常运营与管理的技能	×	中级	专业	3
	抖音直播推广策划与运营	能够掌握抖音平台直播规则与直播流程，进行直播推广策划（确定直播主题、直播产品、主播安排、推广方案），熟悉使用巨量千川平台，完成直播执行与监控、数据统计复盘，输出抖音直播推广策划的技能	×	中级	专业	3
	抖音主播	能够掌握抖音平台直播规则与直播流程、产品介绍，促进粉丝互动及转化、产品成交	×	初级	专业	1

表 6.4　市场部部门专业类技能列表（参考）

来源	技能名称	技能定义	流程判断	等级	精级	素养分
CRM活动策划与运营	大型论坛策划与运营	能够制定大型论坛组织策划方案，完成大型论坛推广、会后客户跟进、合作伙伴的对接与沟通，掌握大型论坛组织与运营的技能	×	中级	专业	3
需求研究与产品规划	需求定性访谈与需求库生成	熟练掌握需求研究流程，最终输出需求库的技能	×	中级	专业	3
	需求定量调研与散点图生成	熟练掌握需求定量研究流程，最终输出散点图的技能	×	中级	专业	3
	产品规划制定	熟练掌握产品规划制定的流程，最终输出产品规划的技能	×	中级	专业	3
品牌战略行为	品牌定位制定	熟练掌握品牌定位流程，最终输出品牌的精神价值、利益联想、品质联想、品类联想的技能	√ 但需专业化	中级	专业	3
	品牌发展规划制定	熟练掌握品牌发展规划制定流程，最终输出3年度品牌发展规划的技能	√ 但需专业化	中级	专业	3
	品牌管理规定与品牌管理手册制定与修订	熟练掌握品牌管理规定与品牌管理手册制定流程，最终输出品牌管理规定与品牌管理手册的技能	√ 但需专业化	中级	专业	3
新产品上市	产品复合体定义	熟练掌握产品复合体定义流程，最终输出产品复合体定义的技能	√ 但需专业化	中级	专业	3

续表

来源	技能名称	技能定义	流程判断	等级	精级	素养分
新产品上市	产品复合体开发	熟练掌握产品开发组织流程、产品实施流程与工具生成流程，组织专家等完成产品开发，最终输出产品及配套服务的技能	√ 但需专业化	中级	专业	3
	产品复合体外部测试	熟练掌握产品复合体外部测试流程，收集客户评价，最终输出产品测试结果的技能	×	中级	专业	3
	媒介计划制订	熟练掌握媒介计划制订流程，最终输出媒介计划的技能	√ 但需专业化	中级	专业	3
	推广视频生成	熟练掌握推广视频拍摄组织、推广视频制作监理等流程，最终输出宣传视频的技能	×	中级	专业	3
	广告测试	熟练掌握广告测试流程，最终输出广告测试结果的技能	√ 但需专业化	中级	专业	3
	市场测试	熟练掌握市场测试流程，最终输出市场测试的技能	×	中级	专业	3

　　市场部的能力梳理应紧密结合部门的实际架构和发展阶段。当企业规模较小时，市场部通常处于初期阶段，此时建议只梳理出几项核心能力，重点培养员工，以确保团队能够高效运作。随着企业规模的扩大和市场部架构的逐步完善，可以逐步扩展和补充更多的能力要求，确保每个岗位和职能都具备所需的专业能力，从而提升整体部门的工作效率和战略执行力。

03

市场部人员的
职级管理

任何一个优秀的企业都会根据员工的能力进行分类和定级。市场部的人员也一样，不同的能力和岗位需要不同的培养和挑战。一个成功的团队会因其成员的优势互补而变得强大。

"韩信将兵，多多益善"的典故每个人都耳熟能详，那为什么当听到韩信认为自己统兵"多多益善"而刘邦最多统领 10 万军队的答复之后，刘邦却并不生气呢？因为韩信恭维刘邦说"陛下不能将兵，而善将将"。

善于使用人才是刘邦能够获得天下的关键，而善于使用人才又分两点，第一是能够识别和笼络人才，第二是将人才放到合适的位置上。这两点刘邦都做到了尽善尽美，尤其是后者，刘邦是很知道什么人善于做什么事情的。在刘邦团队内，并没有论资排辈或平均主义，他把萧何放在了后勤保障的位置上，把韩信放在了领兵统帅的位置上，把张良放在了出谋划策的位置上，这种人尽其用而非论资排辈的组织方式，值得现代管理者向他学习。

为市场部寻找人才是组建市场部的先决条件，拥有人才之后，如何让市场部人尽其用则是摆在管理者面前的另一个难题。

在解决市场部人员来源并确定培养方向后，企业已经具备了打造专业市场部的人才基础。接下来，需要对市场部人员进行合理分类和定级。人们常说"用人之长，天下无不用之人；用人之短，天下无可用之人"，然而，平均主义却是团队管理中的大忌。每个人的能力有所不同，只有将不同能力的人安排到合适的岗位上，才能充分发挥每个人的优势，实现人尽其用。分类和定级正是实现这一目标的有效手段。

企业内部通常会根据员工的角色和职责将其分为四类：**领导者、管理者、专家和执行者**，如图 6.4 所示。这四类角色的特点以及相应的管理方式，可以帮助管理者根据不同的情境适当调整。

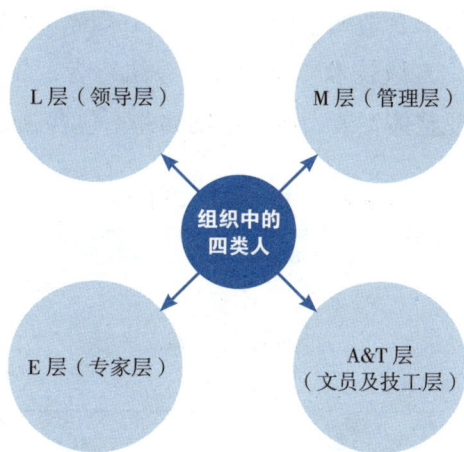

图 6.4　组织内员工角色划分图

领导者（leader）

领导者通常是组织中的决策者和战略引领者，他们负责制定组织的长远目标、方向和战略规划。领导者需要具备远见卓识和决策能力，并且能够激发员工的激情，推动组织向目标前进。

管理者（manager）

管理者通常负责日常运营管理，确保组织的各项业务按计划顺利推进。他们关注的是如何优化流程、管理资源、监督执行和确保效率。管理者通常需要处理复杂的日常事务，解决实际问题。

专家（expert）

专家通常是某一领域的专业人士，具有深厚的技术或知识背景。专家的作用通常是提供技术支持、解决专业问题、进行创新和优化工作流程等。他们在专业领域内的能力是组织成功的关键。

执行者（assistant technician）

执行者通常是那些直接参与具体操作和任务实施的员工，他们负责按照指令和计划执行日常工作。执行者的工作通常是相对固定和标准化的，注重效率和结果。

而如果想要建立专业的市场部，就需要根据内外部环境的变化、员工的不同需求和任务的不同性质采取最合适的管理手段。通常来说，专业的市场部由以下三类成员组成：M 级管理者、E 级技术专家和 A/T 级执行者，见表 6.5（由于领导者侧重于战略层面，偏向企业整体发展，所以市场部并不包含领导者）。

表 6.5　市场部员工划分表

人员类型	重点素养要求	重点内容
M层	优秀的管理素养	规则与沟通、偏重微观
E层	突出的专业素养	钻研、突破、创新
A&T层	态度执行	耐心、认真、坚韧

通过对市场部人员进行能力和岗位要求的分类，企业不仅能够确保高效运作，还能最大限度地激发每个员工的潜力。这种分类管理有助于企业合理配置资源，优化团队结构，从而提升市场部的整体执行力与战略实施效果。

某互联网企业作为一个常被讨论的企业范本，其职级体系较为成熟。随着工作经验的积累和能力的提升，员工会逐步晋升。根据媒体报道，在这家企业，拥有三年经验的员工一般会晋升至 15 级左右，16 级则代表管理岗位中的经理职位。晋升至高级经理级别时，员工的职级通常为 18 级，而 19 级及以上则属于总监级或副总裁级。这种职级体系为每个员工提供了明确的定位，帮助他们清晰地看到自己在企业中的位置，并设定职业发展的目标。

人们将职级划分这一工作称为定级，定级的意义在于为员工的薪资依据和后续职业发展路径提供依据。

分类是对企业员工类别进行划分，定级则是根据员工能力细化职级。

企业要在同一类别的员工之间，按照技能水平的高低，划分员工的职业素养等级，这一环节需要引入职业素养分体系。

企业可以根据自身情况对各层级进行素养分规定，表 6.6 是某企业制定的职业素养分示例。这部分会出现许多分值，这里的分值只提供参考，并非硬性要求，因此以下内容均为举例，具体分值设定需结合企业实际情况。

表 6.6 某企业员工职业素养分示例

职业习惯（基础素养）	管理能力（管理素养）	专业能力（专业素养）
听（2分）	管理大学一年级（5分）	产品规划项目（2分）
说（2分）	管理大学二年级（10分）	消费者需求调研任务（1分）
读（2分）	管理大学三年级（15分）	新产品上市项目（4分）
写（2分）	管理大学四年级（30分）	新产品上市规划任务（1分）
行（2分）	（备注：每年项目排名、客户嘉奖也是管理素养提升的一种方式）	新产品设计出样任务（1分）
		新产品测试调整任务（1分）
		渠道开发项目（2分）
		渠道谈判任务（1分）
		…………

　　表 6.7 展示的是员工基础素养打分表，新员工每通过一门基础素养培训课，便会获得 2 分的基础素养分，成功通过了听、说、读、写、行这五门课程，就会获得 10 分的基础素养分。这是新员工在企业的起始分，拿到这些基础分数后，新员工才有资格走上工作岗位。分数不达标的员工，必须补齐相应科目的分数，如果在一段时间内始终无法补齐分数，那便没办法顺利转正。

表 6.7 员工基础素养打分表

基础素养				
分类	主要培训内容	考核预算	职业素养分	带教负责人
听	聆听与理解，增强聆听能力； 有效提问； 锻炼思考与解决问题的思维能力； …………		2分	
说	口头工作汇报； 信息反馈技巧； 讲演、销售技巧培训； 掌握演讲控场技巧； …………		2分	
读	基本商务词汇专业概念； 学会月度专业商务报告； 信息收集能力培训； …………		2分	
写	学习计划书、各类报告、商务文书撰写； 专业模块对等训练（绘图、制表等）； …………		2分	

续表

基础素养

分类	主要培训内容	考核预算	职业素养分	带教负责人
行	项目管理原理； 执行技巧训练； 岗位工作流程培训； 统一行为模式； …… ……		2分	

很多大中型企业都有岗前培训，培训内容便是对员工基础职业素养的训练，但当前一些企业的岗前培训要么是过于形式，要么是针对性不强，使得员工基础素养训练不扎实便匆匆入职工作，最终也会影响企业整体的运转效率。所以，对于第一类的基础素养，企业也要重视起来。

表 6.8 是员工管理素养打分表，管理素养方面的分数主要围绕涉及管理的各项能力，比如理论方面的组织行为学、流程规划与建立、企业文化建设等。这些是企业大学课程中所设定的课程，市场部人员在大学内完成相应的课程并考核通过后，便可以获得相应的分数。下属获得晋升后，也为上级管理者增加相应的管理素养分，这也是对管理素养能力的一种量化。

表 6.8　员工管理素养打分表

管理素养

知	提升分值	行	提升分值
组织行为学	××分	综合管理能力	××分
人才能力分析	××分	对人管理能力	××分
员工职业发展规划	××分		
团队建设	××分		
流程规划与建立	××分		
部门行政管理	××分		
跨部门沟通	××分		
全面项目化管理	××分		
组织建立与规划	××分		
战略规划	××分		
企业文化建设	××分		

专业素养则需要市场部对本部门员工市场相关专业能力进行考核，进而对考核进行评估，得出员工的对应分数。专业能力考核的点很多，除了表 6.9 中列示的考核点之外，还可以包含新产品设计、新产品测试调整、调研设计、专业数据收集、危机管理、概念开发等，企业可以根据需求的不同设置不同的项目和分数标准。

表 6.9　员工专业素养打分表

专业素养			
公共专业素养	提升分值	岗位专业素养	提升分值
新媒体相关知识	××分	新产品测试调整	××分
渠道相关知识	××分	新产品设计	××分
危机公关知识	××分	调研设计	××分
品牌管理知识	××分	专业数据收集	××分

为了方便计算，企业应该将表格中各项分值的加总设置为 100 分，然后以此为最高分数衡量具体员工的得分。

员工的职业素养分类似于大学生的"学分体系"，大学生需要修够对应的学分才能毕业，而员工得到的素养分就类似于"学分"，完成市场部职级确定之后，市场部需要通过面试、笔试等方法，组织市场部人员进行职业素养分测评，由此确定每个员工的基础素养、管理素养和专业素养的具体分数，通过分数汇总对应素养分域便可确定员工所在职级。

企业可以根据自身情况对事件结构模型中的各层级进行素养分规定，表 6.10 是某企业制定的职业素养分示例。

表 6.10　某企业员工职业素养分示例

层级	职级	素养分域	素养分来源说明		
			基础素养	管理素养	专业素养
系统层级	M7总经理	85～100分	·完成商务聆听、商务演讲、商务概念、商务写作与项目管理的培训与考核 ·该项满分为10分	·员工通过企业管理大学培训与考核、年度绩效评估以及公司特别嘉奖等方式获得该素养分 ·该项满分为60分	·按部门完成所在岗位要求的专业素养点（专业素养点源自项目中的关键任务）考核 ·员工以专业素养汇报方式获得素养分，该项满分为30分
计划层级	M6副总经理	75～85分			
	M5部门总监	60～75分			
项目层级	M4高级项目经理	45～60分			
	M3中级项目经理	30～45分			
	M2初级项目经理	20～30分			
任务层级	M1任务经理	12～20分			

设定职业素养打分表的意义在于，职级的不同，代表着薪资待遇和承担职责的不同，在这种动态测评体系中，企业可以让职业素养分累积达到一定标准的员工晋升到下一个更高等级。职业素养分既是对员工职业素养能力的综合表达，也是量化员工能力的基本单位。

针对具体的员工，企业还需要在定级完成之后，建立员工职业素养卡作为档案保存，以便企业了解自己的人力资源构成和人才发展，同时作为员工职业成长的记录，让员工更清楚自己的能力和未来的发展方向。

表 6.11 是员工职业素养卡示例，每一个想要实现职业晋升的部门员工，都要通过专业素养汇报和管理素养培训与考核。通过专业素养汇报，员工不仅可以实现自身加薪、升职，还能让企业内部的知识得到传播，提升企业员工的整体素养。这种更加公平、公正的方式，可以让能者居其位，劳者得其偿，远比依靠领导者的直觉、管理者的经验筛选人才更为高效。

表 6.11　员工职业素养卡示例

员工职业素养卡							
初始资料							
建档日期	姓名	部门	岗位	分类	定级	描述	员工签名
2025/1/5	某某某	市场部	初级品牌经理	M	M1	基础素养10分 专业素养6分 管理素养0分	
职业素养变动记录表							
日期	变动方式		变动内容	结果描述		员工签名	
2026/3/15	专业素养汇报 管理素养培训与考核		晋升为M2	基础素养10分 专业素养13分 管理素养5分			
2027/12/29	专业素养汇报 管理素养培训与考核		晋升为M3	基础素养10分 专业素养17分 管理素养10分			
……	……		……	……			

利用市场部人员分类定级定分这种方法，不仅能够为市场部储备丰富的人才资源，还可以让员工认清自己的职业晋升方向，是一种互惠双赢的契约关系。

04

市场部人员的
薪酬管理

　　薪酬体系如果混乱不堪，员工会感到他们的努力没有得到应有的回报。这不仅会导致不满情绪，还可能让员工的创造力和工作激情大打折扣。透明、公正的薪酬结构是吸引和留住人才的关键。

当市场部员工经过分类定级后，企业应该如何设计科学合理的薪酬结构？这不仅关乎员工的切身利益，也直接影响到企业的整体运营效率和竞争力。

薪酬绩效是员工由于雇佣关系的存在而获得的所有形式的经济性报酬的动态激励模式，包括基本工资、岗位津贴、绩效奖金等多种形式。**科学的薪酬结构能够精确量化每一个员工的薪资水平，帮助企业测算整体的人力资源成本，从而优化人力资源管理和调配，确保企业健康发展。**

动态激励模式中的"动态"是指员工的薪酬会随着时间的变化而变化，也就是指薪酬绩效不仅要包括现在怎么设计员工的收入结构，还要包括员工的收入怎么持续提升和发展，这里面有一些具体的变化规则。比如短期的变化是指员工在某个时期内表现良好所带来的薪酬变化情况；长期的变化则是指员工一直表现良好所带来的薪酬变化情况。

传统的薪酬管理往往依赖于经验或面试中的直观判断，缺乏系统的标准。许多企业在招聘新员工时，采用的薪酬体系往往较为简单，通常是固定工资加奖金的组合。然而，这种方式存在明显的缺陷：首先，固定工资的标准往往不够科学，通常由面试官根据个人经验或市场行情来定，缺乏对员工实际能力的量化评估；其次，这种薪酬体系容易造成"人情"决定薪酬的局面，导致企业无法依据员工的实际表现来分配资源。

长期以来，这种薪酬模式不仅难以吸引和留住优秀人才，还可能导致员工之间的不公平感，进而影响整体的团队协作和士气。对于大规模企业而言，缺乏科学薪酬体系的管理将使得企业在竞争激烈的市场环境中逐渐失去优势，甚至步入衰败的轨道。

所以建议将薪酬绩效以职业素养量化为基础，与职业发展相匹配，构成企业的薪酬绩效体系，对企业所有员工起着正向的激励作用。

在这个基础上，管理者根据职业素养分的分值给员工设定固定的标准，薪酬与员工的实际能力相匹配，可以避免能力强的员工的薪资比能力弱的员工薪资低的情况出现，具体薪酬结构如图 6.5 所示。

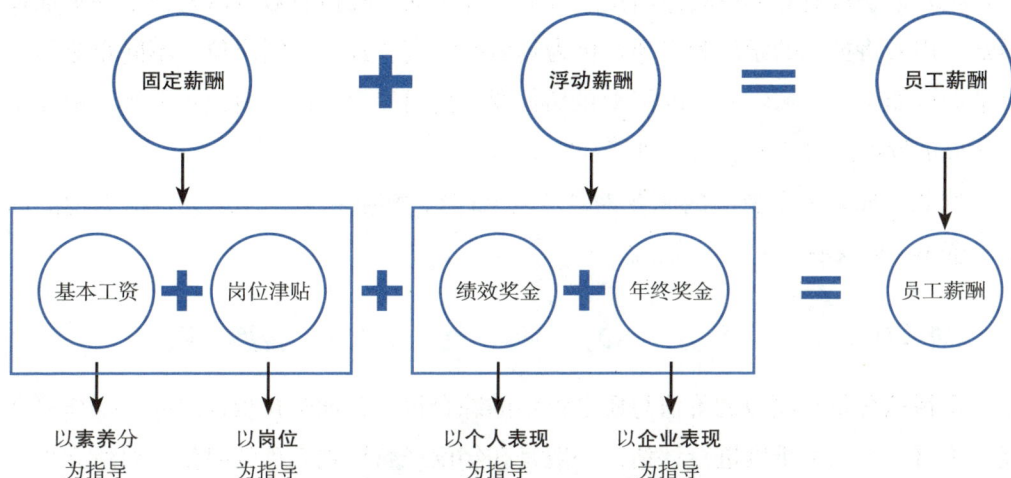

图 6.5　员工的薪酬结构

根据员工的综合素质（如能力、经验等），结合行业或公司设定的转换系数，合理地确定固定工资。薪酬绩效具体的计算方法如下：

W（总工资）=Wf（固定工资）+Wb（绩效工资）

员工的总工资由固定工资和绩效工资两部分组成，旨在平衡员工的基本收入保障和激励机制。其中：

固定工资指员工在一定时间内（通常是月薪或年薪）被固定支付的基本薪资。它通常与员工的职位、职责、经验和市场工资水平相挂钩，不受个人业绩波动的影响。

绩效工资根据员工的工作表现或公司业绩来决定的薪酬部分。它通常是浮动的，依赖于个人或团队的目标达成情况或公司整体业绩。

Wf = A（职业素养分）×SU1（转换系数）

职业素养分就是前面提到根据员工的综合职业素养进行评估，所获得的职业素养分，员工掌握的能力越多，职业素养分也就越高。

转换系数是用于将职业素养分转换成固定工资的系数。该系数通常是根据公司的薪酬政策、行业标准或具体岗位的价值来设定的。转换系数可以看作是一个加权因素，用来将员工的素质和表现转化为具体的薪资金额。不同岗位、不同企业的转换系数可能不同，通常考虑的因素包括行业、公司规模、市场薪酬水平等。根据企业所处的发展阶段不同，可以进行随时调整。

例如，如果一个员工的职业素养分为 80 分，转换系数为 100 元，那么他的固定工资 Wf=80 × 100=8 000（元）。

Wb=TOU（项目积分）xQ（项目评估）xSU2（转换系数）

项目积分是对项目的价值与质量评估的综合得分，通常是根据时间、操作复杂度、不可控性三个维度进行评估，一般是在年度经营计划立项的时候，对所立项目进行打分。

项目评估是对项目整体表现的评价，由立项人进行打分。它反映了项目达成目标的程度以及是否符合预期，评估分越高，表示该项目的目标达成率越高。

这里需要使用项目评估得分的计算公式：$Q=8X+2Y-N$，其中，Q 是项目评估得分，满分为 10 分，X 是目标达成率，是按时完成情况，N 则是违反《项目管理规定》的情况。在根据项目开展实际计算出项目评估得分后，再除以项目评估总分，并乘以项目基准分和对应角色的基准分比例，就能得出在此次项目中的最终项目得分。

转换系数（SU2）是将项目积分和项目评估转换为具体绩效工资的系数。它的作用是将评分标准转化为实际的薪酬金额。

通过将项目积分、项目评估和转换系数（SU2）相乘，得出绩效工资。例如，如果某员工在一个项目中获得了 45 个积分，项目评估为 95 分，转换系数为 250 元，那么其绩效工资为 Wb=45 × 0.9 × 250=10 125（元）。（项目积分计算方式可以阅读《卓有成效的项目管理者：企业 MBP 实操手册》，该书中有详细讲解。）

企业中的管理者都可以采用这种固定工资与绩效工资相结合的薪酬方式。每个月大家所能取得的工资数随着项目完成的质量、数量以及职业素养分的高低而变化，虽然有上下波动，但足够客观、公正。

　　每个员工都想追求更高的薪资收入，想要顺利实现这一点，员工们就要不断提升自己的职业素养能力。在不断提升自我的过程中，企业也会随之向前发展。

　　除了激发全体员工积极性之外，薪酬绩效所体现的公平特征还有助于促进跨部门的专业协作，鼓励员工自主学习。职业素养评估结果直接影响固定工资的水平，确保薪酬的公平性，避免因薪资结构不科学导致的员工不满或不公平现象。当可量化的薪酬绩效确定之后，每个员工都可以根据职级计算自己的薪资水平，即使处在不同部门，衡量薪资的标准也基本相同，这会大大降低部门间发生矛盾冲突的可能。此外，为了提高薪资水平，员工还会通过自主学习，提升自己的素养，由此提升素养分从而实现职级提升，提高自己的薪资水平。

　　对于企业来说，薪酬绩效的另一显著优势在于其可帮助企业更好地控制人力资源成本。如果按照旧有的薪资模式，将提成作为员工薪酬绩效的一部分企业很难对整体的人力资源成本进行测算，常常在一番经营过后，企业规模确实扩大了，但实际的利润率却并未有所增长。薪酬绩效契约可以量化每个员工的薪资水平，有利于企业测算整体的人力资源成本，并据此设计出更好的人力资源调配方式，避免出现员工冗杂的情况。

　　市场部的薪酬结构设计应当兼顾基本薪酬、绩效激励和长期发展激励，确保能够吸引并留住高素质的营销人才，同时激励员工为企业的市场扩展和品牌建设贡献最大价值。通过合理的薪酬设计，市场部门不仅能提高员工的工作积极性，还能促进团队协作，推动企业整体业绩的提升。

05

长久雇佣，
规划市场部人员职业前景

　　如果没有一个明确的目标，就会迷失在职业发展的路上。一个企业应该帮助每个员工找准方向，提供可以实现的目标和一条明确的成长路径。

前文提及市场部通常由三类核心成员组成：M 级管理者、E 级技术专家和 A/T 级执行者。这些成员分别在市场部门内担任不同的职能，并且根据企业的发展需求和个人职业规划，有不同的职业发展路径。

职业发展路径是指在职业生涯规划与管理过程中，企业指导和帮助员工选择确定职业发展方向后，员工选择从什么样的途径和通道去实现自己职业生涯发展的目标。通过职业发展路径的规划，可以更好地了解自己的能力和潜力，明确职业目标和发展方向，从而在工作中发挥自己的优势，实现自我价值。

很多企业在构建职业发展路径时，都会采用"职业发展路径—Y 型图"，如图 6.6 所示。这是一种专业的职业发展规划管理模式，在量化的基础上，为每个员工找到合适的发展方向和发展目标。

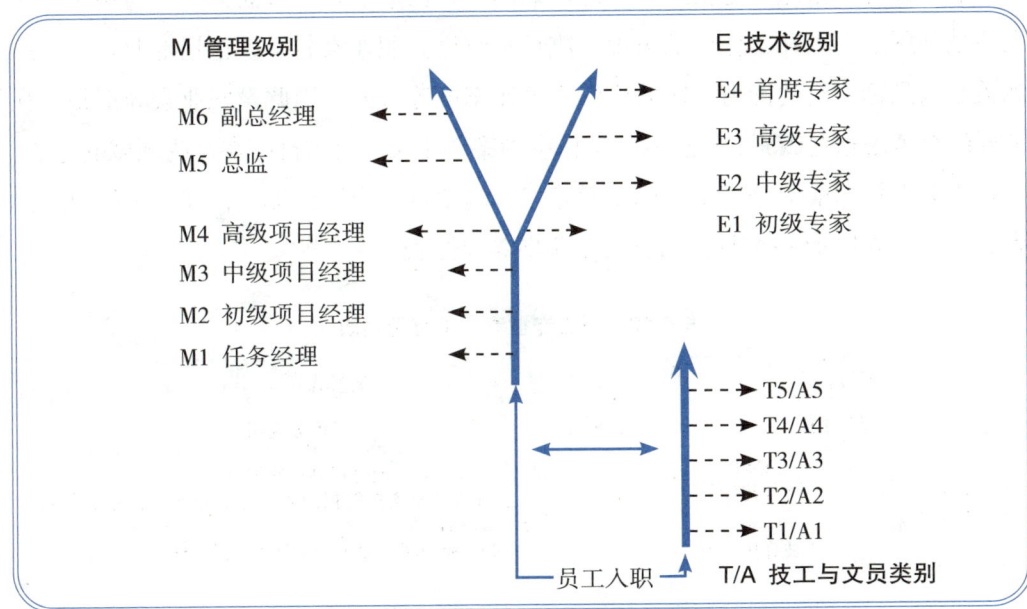

图 6.6　员工职业发展路径—Y 型图

在这张职业发展路径图中，当员工顺利通过岗位职能培训，具备了市场部需要的基本素养后，新入职的市场部员工会有两个方向的选择：T/A 级执行者或者 M1 任务经理。在这个过程当中，员工若想进行职级的晋升，可以通过职业素养汇报的方式。（素养汇报之前，需要员工成功完成该素养相关的项目。）

当新员工进入市场部后，就要告诉他们，从 M1 级晋升到 M2 级需要学习些什么，大概要经过多长时间，在这个阶段企业会提供什么方法，会如何帮助他们达成目标。当员工晋升到 M4 高级项目经理的时候，又会出现一次选择。员工可以选择继续在 M 级进行深耕，也可以选择 E 级，往技术专家方向发展。

以小青为例，她在市场部就职，她的工作与产品和消费者密切相关，如消费者需求研究、自主完成产品测试等，这些其实就相当于小青需要具备的职业素养。

一段时间后，小青已经成功完成涉及这些素养相关的项目，并且觉得自己已经具备这些能力了，她便可以向上级申请进行素养汇报。汇报成功后，她便可以继续学习尚未掌握的能力。

职业素养汇报通常是员工在一定周期内对自己职业素养方面的总结与展示，旨在评估和展示个人在工作中的表现、成长及改进。职业素养不仅包括专业知识，还涵盖个人品德、沟通能力、团队协作、工作态度等方面。因此，职业素养汇报往往需要综合考虑这些因素，并从实际工作中的案例出发，展示自己在这些领域的进步。进行素养汇报的前提是成功完成该素养相关的项目，通过汇报后，即可获得对应的素养分，表 6.12 是一个具体的员工专业素养评估表。

表 6.12　员工专业素养汇报评估表

汇报者：			素养点：	
评分维度		得分	评分说明	
概念 （满分30分）	完整性 （满分20分）		对理论的理解，理解到事物的本质； 概念的抽提要紧扣汇报内容的中心思想（汇报者想告诉评委什么内容）。 汇报的概念要与逻辑点、创新点有联系	
	准确性 （满分10分）			

续表

汇报者：			素养点：	
评分维度		得分	评分说明	
逻辑点 （满分30分）	关键问题 （满分15分）		汇报中得出的结论有支撑点； 关键问题要与理论/方法论的创新点有对应关系	
	根因的分析 （满分15分）			
创新 （不设上限）	思想理论 （5分一个）		思想理论创新： 在理论基础上引入新的理论并经过实践后有成果输出； 创新点能提高工作效率/提高工作质量	
	理论对应的流程实操性 （5分一个）		理论对应的流程实操性： 创新点有内部/外部的理论、模型支撑，并经过实践后有成果输出； 创新点能提高工作效率/提高工作质量	
总得分				
评委：			评估日期：	

*总得分在80分或以上视为通过

专业素养汇报的关键点在于，汇报者是否能够掌握并熟练运用工作流程，将其转化为自身的技能，并在理论或方法论上有所创新，能够清晰阐述创新背后的逻辑和原理（即理解"为什么"）。同时，汇报内容要紧密围绕专业素养的核心要素展开，避免偏离主题，确保内容的专业性和聚焦性。

从另一个角度讲，一种正向的、积极的工作方法便会在市场部中迅速传播。一名员工进行考核演讲时，会议室里会有很多旁听的员工，这就相当于给他们做了一次培训。试想一下，现在基本都需要请外部培训师进行员工培训，这样的效率十分低下，而建立这种职业培训与发展规划相结合的机制后，等于在内部聘请无数位培训师，内训体系正在慢慢形成。并且这种内训形式解决的问题都十分实际，能够有效解决许多自身内部实际问题，并且基本都是在工作中经常遇到的痛点。

同时，为了保证管理的科学性，员工的级别并不是一直上升的。当员工出现违规时，将会扣除对应的素养分，一旦降到了某个临界数值以下，那么企业就要考虑是否将该员工从组织中剔除了。

　　除了员工晋升路径以及晋升方式之外，企业还要帮助员工进行年度 W&DP 工作与发展计划的制订。

　　W&DP 工作与发展计划表（work&development plan）是员工在总结自己当前工作状况的前提下，对自己的职业未来进行的一个为期一年的展望，包括过去一年工作总结、职业发展计划和未来一年工作计划共三个方面的内容，表 6.13 是该表的一个模板。W&DP 是企业与员工达成职业发展的重要工具，同时也是市场部培养和选拔人才的科学方法。

表 6.13　员工工作与发展计划模板

工作及发展计划		
员工姓名：＿＿＿＿＿＿＿＿　　　　职位：＿＿＿＿＿＿＿＿＿＿		
直接上级姓名：＿＿＿＿＿＿＿　　职位：＿＿＿＿＿＿＿＿＿＿		
工作总结：		
起止时间：＿＿＿＿＿＿＿＿＿＿＿＿＿＿＿＿＿＿＿＿＿＿＿＿＿＿＿		
业务发展		
工作内容	量化目标（含起止时间）	结果
项目：	时间： 目标：	完成时间： 目标达成情况： 评分/评估：
组织发展		
工作内容	量化目标（含起止时间）	结果
职业素养提升		
直接经理评估：		

续表

职业发展计划	
短期目标（1~2年）	
个人的想法	直接上级的意见
职业发展目标： ● 希望从事的工作类型； ● 在希望组织中承担的角色/级别	判断员工的职业发展目标是否可以达成，包括： ● 公司业务是否有需要； ● 员工为达成目标所需要的： 　·　工作表现或结果； 　·　技能； 　·　工作经验； 　·　将来需要的工作安排
长期目标（3~5年）	
个人的想法：	直接上级的意见：
需要提高的方面	
个人在哪些方面的提高对工作结果的改进最有帮助	个人和直接上级需要为实现提高而采取的相应行动

工作计划

起止时间：

业务发展

工作内容	重要性 （A、B、C）	量化目标（含起止时间）	进展/结果
项目：		时间： 目标：	已完成的工作： 下一步工作：

组织发展

工作内容	重要性 （A、B、C）	量化目标（含起止时间）	进展/结果

员工签名：_____　　直接上级签名：_____　　直接上级的上级签名：_____

日　　期：_____　　日　　期：_____　　日　　期：_____

W&DP 是公司为员工进行具体的职业发展规划的重要工具，一般一式三份，一份是上级的，一份在公司人力资源部，另一份是当事人自己的。一年以后，人力资源部开始统计第二年的职业发展计划的时候，会要求当事人拿出第一年的计划，看看这个计划完成了多少，并用完成情况来评价他一年的工作情况和努力程度。这就是一种契约，关于上级与下级签订的职业发展的契约。

比如说，阿文进入这家公司的产品发展部以后，上级会根据 W&DP 表格上的规划提出具体要求，例如希望阿文能够懂得如何做消费者需求研究，如何做产品测试，如何管理好实验室。公司的资料室里有关于怎么做的资料，阿文可以去借阅。资料分两类，一类是关于执行的标准方法参考，另一类是公司过去的实践案例。

阿文学习两三个月后，认为自己已经掌握调研消费者需求的方法了，可以独立操作了，于是他向人力资源部门提出申请。正式汇报一般会有一周左右的准备时间。

阿文需要针对调研消费者需求主题进行演讲报告，评委是分别来自不同部门的管理者，这样可以确保考核公正公平。阿文需要把调研消费者需求的方法、步骤，包括注意事项等方面尽量在规定的时间内讲清楚。随后进入现场提问程序，像博士生答辩会一样，评委就具体工作提出问题，汇报者现场给予解答、讨论。

三天后，考核结果正式发到阿文手中，如果没有通过则需要进一步学习，如果通过了，那么就标志着他已经具备了如何进行消费者需求研究的能力，可以独立操作这项工作了，同时他将得到对应的职业素养分——2 分。

如此不断地学习新的工作，阿文能胜任更多的工作岗位，并积累更多的职业素养分。职业素养分积累到 15 分之后，人力资源部就发来函件，正式通知阿文晋升为主管。这大概需要一年的时间，这时候公司又招聘新员工了，阿文也必须担任起按照这样的轨迹培育新员工的任务。

W&DP 工作与发展计划表作为一个动态工具，既有助于员工的个人职业成长，也为人才培养提供了强有力的支持。通过持续的目标设定、计划调整和定期评估，不仅能确保员工在职业道路上的稳步前进，还能够帮助市场部精准识别高潜力人才并为其提供合适的成长路径。

通过这样灵活规划 W&DP 工作与发展计划表可以为员工和公司双方创造出更

大的价值，帮助市场部培养更多具有竞争力的管理者和技术专家。

具体操作上，需要经历以下几个关键步骤：

一、制订计划

在每个财年开始时，企业人力资源部要发布通知，要求所有员工在一个月到一个半月时间里，完成个人职业发展计划的撰写。

二、撰写草稿

接到企业人力资源部通知后，所有员工便需要自己撰写个人职业发展计划草稿。

在撰写草稿时，员工需要对自己进行自我分析，找到自己工作的动机，以及在工作中的强项与弱项，同时也要思考自己真正适合哪个岗位，最后还要说明自己对企业作出的贡献。在完成草稿撰写后，员工需要将草稿上交自己的直接上级。

三、讨论

讨论环节需要员工和直接上级共同参与，讨论的内容需要进行提前准备，要有针对性、有目标地完成讨论。在讨论过程中，上级管理者要认真倾听并了解员工真实的想法、需求，并将员工的需求与公司的需求相结合，多讲事实，少做否定。

四、填写评估意见

直接上级需要就员工的工作总结和职业发展填写评估意见。在工作总结中直接上级需要对员工个人提升及对部门与企业的贡献进行说明，同时还可以讲一些对员工未来的期望；在职业发展中，直接上级需要为员工提出一些建议，以帮助他们更好地达成目标。

五、签字并提交存档

员工的工作与发展计划确定后，需要由员工、直属上级、部门负责人三方签字，并将签字后的计划提交人力资源部存档。之所以要将其交到人力资源部存档，是因为在半年或是一年时，人力资源部要对照这一计划进行回顾，并根据计划完成情况评估员工的工作情况和努力程度。

总体来说，**此型职业发展路径**适合明确员工的长期发展方向，尤其是在纵向（专业深耕）和横向（跨职能发展）之间选择。

W&DP 工作及发展计划表则是一个具体的行动工具，帮助员工在明确路径的基础上，制定可行的目标和具体的执行方案。

两者结合使用，在帮助员工找到正确的发展路径的同时，也为员工提供了实现目标的具体手段和不断调整优化的机制，最终实现员工和公司共同发展的目标。

第七章

多品牌思维，建设高能市场部

相对于单一品牌，多品牌在风险护城河、资源调配效率等方面有着必然的优势，不过，多品牌管理对于企业的要求，又绝不仅是多招聘市场部人才、多投入企业资源的事。

多品牌管理意味着更复杂的市场部组织系统，更强大的市场部管理职能和更有效的市场部运行机制。如果企业能够在这些问题上交出令人满意的答卷，往往就能够得到几何级数的市场份额增长。

01

多品牌是企业的防火墙

管理是一门艺术，真正的管理者能够将每项资源最大化发挥，而多品牌管理要求的正是这种资源的最大化利用。

在竞争激烈的智能手机领域，有这样两个品牌一直在国内的中端智能手机市场占有一席之地，它们是 VIVO 和 OPPO。这两家公司在客户群体、产品体验设计、营销创意等方面多有重合。在很多人眼中，它们似乎是彼此激烈竞争的一对"死敌"，然而，如果研究这两家企业的股权机构便能发现，VIVO 和 OPPO 这两个品牌其实是同属于一家母公司的。

其实，大部分企业在发展到一定阶段之后，管理者都会开始有一个想法，那就是在已经具有了一定市场号召力的品牌之外，再多创建几个品牌。这一行为几乎是商业世界的惯例，大家往往能够从身边的成功企业看到这种品牌多元化发展的历史，从一个品牌到两个品牌、三个品牌甚至更多，更有甚者，一些大的企业集团甚至可能同时拥有几十个不同的品牌。鉴于企业从单一品牌转变为多品牌经营，市场部的工作模式便也迎来了转变，那就是从过去的管理一个品牌转变为多品牌管理。

宝洁公司是全球首家在同一品类中实施多品牌运营并取得巨大成功的企业。市场营销行业中有一句话——"宝洁是市场营销行业的黄埔军校"。宝洁确实在营销培训方面拥有一整套独特且完善的体系。

宝洁开创了一个全新的营销概念——"多品牌管理"。简单来说就是，通过将整个市场细分为多个小市场，并为每个细分市场提供针对性产品，满足不同消费者的需求。例如，宝洁发现不同的消费者有不同的洗发需求，有些人的头发干枯，有些人头发油腻，另一些人可能有白发或头皮屑问题。针对这些差异，宝洁推出了多款产品，如去屑的海飞丝、让头发柔顺的飘柔、女性专用的潘婷以及专业发廊用的沙宣等。这种精细化的多品牌策略帮助宝洁在全球洗发水市场中占据了超过一半的销售份额。

然而，执行这一策略并不容易。尽管这些品牌隶属于同一个集团体系，但由于市场定位各异，他们之间不可避免地会出现竞争。例如，可能会争夺广告资源和营销预算，且不同品牌对集团的利润贡献也不尽相同。因此，如何协调这些品牌之间的冲突，使它们能够合作共赢，为宝洁整体利益贡献力量，成为每个宝洁营销人员必须思考的关键问题。

多品牌管理是市场部建设过程中一个很重要的工作，在开展这个工作之前，首先要了解什么是多品牌管理。

对于多品牌管理，有些人可能会简单地理解为树立一个以上的品牌，这种理解其实是比较片面的，与从管理科学的角度理解的多品牌管理是有差别的。

多品牌管理思想诞生于 20 世纪 70 年代，这种思想的源头是：当品牌处在一个竞争激烈的行业中时，它在整个市场上所能占到的最高份额在 30% 左右。而当处在一个竞争激烈到近乎饱和的市场时，再成功的品牌，其市场占有率大概也只能在 10% 到 15% 之间。也就是说，即便再成功的品牌，它在一个竞争白热化的市场也只能做到 10% 到 15% 的市场占有率。

企业以获得市场为发展 "天职"，每个品牌都想要占领更多的市场，然而有这样一个阈值在，就像 "玻璃天花板" 挡在那里，品牌无论如何也突破不了。在这种困境下，多品牌思想诞生了。

在传统的管理模式下，企业如果想扩张销售额，大概有两种途径。

一种途径是继续稳固自己的原有品牌，然后在原有品牌的产品（或服务）上延伸品类或领域。譬如一家做牙膏的企业，在牙膏领域建立了品牌声望，为了增加销售额，于是拓展了牙刷、牙线、漱口水等产品线，将原有品类进行有计划的延伸，这样企业就进入了一个新的市场，那么在这个市场上增加的份额就增加了企业的销售总额。

另一种途径是在原有的基础上不断加大宣传推广的资源，用资源去换取市场份额。例如还是这家牙膏企业，它通过广泛投放广告来提升知名度，通过约请明星代言来提升美誉度，从而让品牌在牙膏市场上的份额不断增长。

然而这种增长也面临一个问题，那就是上面说的，单一品牌在单一产品（或服务）类目中能够占有的市场份额是有限的，无论企业的广告推广力度有多大，只要市场的竞争足够激烈，品牌的份额就永远不可能超过 20% 的阈值。而随着后期市场份额增长越来越困难，企业进行广告推广的收益也会来越来越低，因而也就决定了这种做法不会成为长久之计。

所以，国内的很多企业在遇到扩张销售额的需求时，所采用的基本都是第一种延伸产品（或服务）品类的策略。通过向上下游产业延伸，扩充品牌影响力。然而，这样的策略却有着致命的缺点，那就是会造成多产品线一荣俱荣、一毁俱毁的局面。品牌在快速成长期，所有品类的产品（或服务）都会受到品牌美誉度的影响而畅销，也就是享受所谓的品牌红利。然而当品牌出现问题时，所有品牌又都会受到来自市场的反噬。而且，随着企业涉足的品类越来越多，产品（或服务）越来越多样，出问题的概率也会大大增加。

这样的商业场景就是：一个产品（或服务）出了重大问题，影响到品牌的美誉度，在外界形成对品牌的恶评，这种恶评会关联到其他品类，进而影响企业在所有市场上的表现。

例如某品牌是一个跨多个领域的国际品牌，然而当这个品牌的手机在中国市场上出现了几次燃爆的问题后，其在中国的业务都受到了影响。该品牌旗下的产品品类非常广泛，除了手机还有电视、数码产品等，但是只要手机出了问题，其他产品也会受到牵连。

在单一品牌下拓展产品（或服务）的品类，企业很难保证某个产品不在某个特殊的时期，因为一个偶发性的事件"爆雷"。而一旦产品"爆雷"，就会瞬间引发整个品牌的负面舆情。所以，管理者就会进行这样的思考——如何在提高销量的同时避开风险？

20世纪70年代，宝洁公司很好地解决了这个问题。宝洁公司在日化领域率先提出了一种设想——如果一个品牌在一个品类中不能突破市场占有率阈值的话，企业能否创造多个品牌一起进入市场呢？一个品牌如果只能占到10%左右的市场份额，那么企业同时做三个到五个品牌，即便这些品牌彼此之间存在竞争，市场份额的叠加也可以突破阈值。最重要的是消费者可能并不知道，这几个品牌都是属于同一家企业的。换句话说就是企业要做自己的竞争对手，过去企业拥有一个品牌的时候，都是与市面上其他品牌进行竞争。现在是企业自己做几个不同的品牌，在一个市场中相互竞争，从而让企业的市场份额在一个品类里得到大幅的提高。

从科学管理的角度，多品牌管理就是企业在一个潜力比较大、市场规模比较大的一个商品（或服务）类目里面，同时推出多个不同的品牌，并把它们管理好，让品牌之间形成既竞争又互补的合力，进而抵抗与外部竞争对手的竞争。

假如竞争对手只有一个品牌，而你有五个品牌，那么市场总体份额就会远远多于竞争对手。需要指出的是，多品牌的思想是要在一个品类中推出多个品牌，而不是跨越品类创造品牌。一家在床垫领域拥有出色品牌的企业，在做沙发时创建了另外一个品牌，这并不是多品牌思想的体现，而只不过是一种品类拓展而已。

那么，在了解了什么是多品牌管理之后，接下来要阐述企业发展多品牌管理的重要性。这种重要性在于，较之于单一品牌，多品牌在一些方面是具有非常大的优势的。

02

多品牌思维与单一品牌思维

多元化是成功的关键，适当的多品牌战略不仅能拓展市场份额，还能强化企业的抗风险能力。

很多企业当发展到一定阶段之后，选择多品牌管理几乎会成为一种必然，这样做的原因是，多品牌管理较之于单一品牌在一些方面是有着巨大优势的。对于多品牌管理的优势，总结为以下四点：

优势一：多品牌管理可以使企业在一个比较有规模的品类里的市场占有率提高。

就如第一节阐述的那样，单一品牌在一个竞争激烈的市场是有其市场占有率阈值的，而多品牌就是突破这一阈值的最好方法。通过多个品牌叠加的形式，大幅提升企业的市场占有率，甚至可能让这一数值达到 50% 左右，而企业一旦在经济激烈的市场拥有了这么高的数值，实际上就已经形成了某种垄断效应，企业甚至可以实现对市场规则的某种定义。

而且，这种垄断还有另一个好处，那就是企业在上下游供应链体系中享有较大的话语权，如采购价格由于采购量大而优惠，销售由于市场占有率高而享有定价权。企业在上下游都享有极高的话语权，那么盈利就有了基本的保障。

优势二：可以防范单一品牌存在的风险。

对于防范品牌风险的问题，上一节详细阐述过。多品牌虽然同属于一个企业（或集团），但因为有"隔离墙"存在，很多消费者要么不了解品牌之间的关系，要么内心对于品牌关联性不那么敏感，所以即便一个品牌出了问题，一般也很难影响到另一个品牌。

例如在乘用车市场，大众和奥迪、丰田和雷克萨斯、本田和讴歌，这些都属于一个企业的两个品牌，但其中一个品牌因各种问题出现舆情，如之前某品牌的"悬挂事件"，虽然影响了品牌的市场口碑，却没有对另一品牌造成冲击。这就是品牌隔离墙对于规避风险的好处。

单一品牌一旦出现问题，对于企业是灾难性的，整个生产体系都会受到影响，企业甚至可能会直接崩溃。但如果有几个品牌协同发展，当一个品牌受到影响时，只需要在内部调整资源的配置，将生产、办公和营销资源向其他几个品牌分摊就能够让企业渡过难关，而不至于出现品牌销售量降低，导致生产需求减少、资金链断裂而被迫裁员、收缩生产线的恶性循环爆发。由多品牌成为单一品牌出问题之后资源溢出的蓄水池，这对于企业来说是至关重要的。

优势三：可以让品牌之间形成一种协同效应。

所谓协同就是不同品牌围绕不同的客户或不同的应用场景，全方面地满足市场的各种需求，从而在市场上打造企业综合的竞争力。

以宝洁为例，飘柔、海飞丝、潘婷等是围绕着不同的客户、不同的使用场景、不同的生活状态搭建品牌的。它们使得宝洁全方位满足了客户在方方面面的、各种各样的需求，所以它们之间形成了一个叫品牌 team（队伍）的模式，实现让客户无死角地选择企业。

头发比较长的顾客选择飘柔、需要去屑的顾客选择海飞丝、需要去油的顾客选择潘婷……无论顾客有什么问题，都能够在宝洁品类中选择一个产品来满足自己。由于是多品牌组合来满足顾客的需求的，所以从某种意义上来说，多品牌之间是相互协同的。

优势四：从某种意义上来讲，真正的多品牌经营是最节省资源的。

如前文讲述，企业进行品牌管理是一项系统而复杂的工作，从零到一地构建一个品牌需要调动的资源很多，需要搭建一个从前端营销团队到后端生产团队的全套管理系统。当品牌构建成功后，就意味着企业拥有了一个完整的品牌管理团队和一个科学的品牌管理系统。企业打造更多品牌，依然可以应用这些现有的资源，也就是在品牌打造和品牌管理上，企业内部可以实现资源共享，甚至可以对暂时闲置的资源加以调动，从而让资源得到最大化使用。这就像是企业为了一列火车构建了一条铁轨和一整套火车运行规则，那么在这一列火车运行之余，企业完全有必要合理安排更多的车次，以此实现资源利用率的最大化。

有效调用资源，这也是真正多品牌管理与在不同领域打造多个品牌的商业模式的本质区别。因为有别于后者需要为每一个品牌构建一整套管理体系，多品牌管理所做的每个品牌都是围绕着企业已经做过的品类展开的，比如上一节所讲的宝洁在洗发水领域的多品牌管理，不管是飘柔、海飞丝还是潘婷，其生产的设备都是一样的，有90%的原材料都是一致的，技术人员是可以共享的，那么这些东西不需要企业另起炉灶再准备一次。

用科学管理的理论就是，企业在同一个品类中构建多个品牌的边际成本越来越低，品牌构建不成功的代价也越来越小，这也是多品牌管理能够被很多大企业选择的最本质的原因。

多品牌管理，可以帮助企业增加市场份额、减少单一品牌带来的风险，让品牌之间实现协同发展，让企业内部资源被最大限度使用。以上这四方面的优势，使得多品牌管理对于企业发展来说非常有意义。那么，企业应该如何进行多品牌管理呢？

03

管理多品牌重在企业能力

在多品牌管理中，确保每个品牌都关注并符合其目标客户的需求，才能有效地实施战略。

实现多品牌管理，构建多个品牌协同发力，这对于企业发展有着极大裨益，但是，并不是所有企业都能够完成多品牌的打造，或者说，大部分想要打造多品牌的企业都不可避免要走一些弯路，甚至最终品尝失败的后果。那么，是什么让它们的多品牌管理之路走得如此坎坷呢？这主要是因为它们只看到了市场上打造多品牌的成功案例，而没有真正从科学管理的角度去了解如何进行多品牌管理。打造多品牌管理模式，企业需要踏踏实实地做好以下三个方面：

首先，要培养专业的品牌管理人才，构建科学的品牌管理团队。

人才是实现管理的先决条件，再好的管理理论，也需要人进入企业中完成实践。所以，市场部的员工是否是真正能够实现品牌管理的人？这是非常重要的问题。

打造多品牌，虽然还是在同一个产品（或服务）类目下，但老品牌与新品牌毕竟要有所不同，而且新品牌也需要在新形势下成长。如果把品牌比喻成一个演员的话，企业在已经打造了一个明星演员的情况下，准备培养另外一个人成为明星演员，就需要为这个新星选择合适的团队。

需要指出的是，企业在宣传这个新人演员的时候，要尽量与前一个明星演员区分开，尽量不要依赖另一个明星的力量，否则的话就违背了多品牌管理的主旨。两个演员关联太紧密，当明星演员"塌房"之后，新人演员很难不受到影响。

所以，企业需要更多的品牌管理人才进来，围绕这个新品牌活动，这些人才可以由外部引进，但最好是从企业内部培养，因为企业内部人员更适应企业的文化。当把这些人才培养成品牌管理人才，了解如何帮助品牌完成从零到一的成长后，企业的多品牌战略就有了成功的第一层保障。

对于这些围绕品牌开展工作的团队，可以将其称为品牌小组。这些品牌小组相当于一个品牌生产线，擅长品牌定位、重新做 logo、推广宣传……

所以，对于企业而言，必须要有真正懂得品牌运作的这种类似像品牌生产线、造星经纪团队的一群了解品牌管理的人才。而对于很多企业来说，它们所欠缺的恰恰是这些专业人才。

一些成功的企业，虽然拥有非常优秀的销售人才和生产人才，但却没有会做品牌的人。当它们想要打造第二个品牌的时候，往往"顺理成章"地让这些人去负责具体工作。这是由企业管理惯性决定的，这样做的结果往往就是不尽如人意。

因为这些岗位的人才会以自己之前的工作为立足点，以做产品或做销售的角度去来做新的品牌，结果往往是不理想的。而一旦结果不理想，企业就会认为这种多品牌的思路是不正确的，进而放弃多品牌管理，之前投入的精力和资源付诸东流，这正是很多企业面临的困境。企业要想脱困，就必须把这些销售的人、管理的人转变为真正懂品牌的人。

其次，要对市场有深入且客观的了解。

企业要想做好多品牌，一定要对市场有深刻的了解，尤其是深入研究市场的细分和市场结构。如果企业不了解市场的结构，为了抢占市场份额而在仓促之中搭建多品牌，则很容易和原有品牌形成激烈的竞争关系。

假如某企业决定打造第二个品牌。然而当第二个品牌开始出现在市场上之后，该企业才发现这两个品牌的目标用户是一致的，品牌之间也不存在差异化卖点，结果必然是两个品牌在市场上互为竞争对手，彼此之间的竞争非但不会增加企业的市场份额，反而会在企业内部酝酿巨大的矛盾。

在一个产品（或服务）类目下的多品牌是有竞争关系的，但这种竞争绝对不是直接的竞争，而是侧面的竞争。如何找到这个侧面竞争的点呢？这就需要对市场结构有深入了解，找到细分市场的所在。

企业要依靠科学的市场调研方法，了解整个市场上的消费者群体和差异，不同差异下消费者需求（或痛点）的不同，并以此来区分消费者人群，最终掌握市场可以被细分的情况。当得到这一结论之后，再对现有品牌进行研判，寻找它未涉及或涉及较少的细分领域，然后在这些领域建立新的品牌。

这种细分市场搭建品牌的管理模式，在二十年前有一个很好的词汇，那就是"蓝海"战略，企业只有让新的品牌驶入"蓝海"，才不会挤占原有品牌的"航路"。

以宝洁的洗发水为例，虽然在商超中，经常看到飘柔、海飞丝、潘婷等摆在一个货架上，但它们彼此之间是存在着定位上的差异的，虽然它们也存在一定的竞争关系，但更多还是与其他同类品牌的竞争，并不会引发严重的企业内耗，所以必须研究细分市场。

最后，必须接受多品牌管理相关训练。

企业想做多品牌，必须要进行一些关于这方面的专业学习和训练。大多数企业第一个品牌的成功往往具有一定的时代特征，很多品牌都是历史特定时期的产物。换句话说，假如让某个企业再重复一次它打造现有品牌的过程，大概率是无法成功的。因为，一个品牌的成功有太多的偶然性。所以，企业在打造多品牌时，重复打造第一个品牌的过程往往是不行的。

那么，怎么样才能够保证第二个乃至更多品牌的成功呢，企业必须从上到下——包括高级的管理者、市场部的人员、其他中层管理者、基层员工等——加深对品牌管理的了解。要让企业了解什么是品牌？一个品牌和多个品牌的本质区别在哪里？品牌与产品的不同在哪里？品牌是怎么完成 0 到 1 的积累的？如何去建立一个新的品牌出来的？品牌发展路径的规律是什么？品牌的规律是什么……

商业世界错综复杂，成功的品牌各有各的成功之道，但不成功的品牌肯定是因为企业没有品牌文化的氛围。所以，企业才需要在组织内部加强多品牌管理的训练，尤其是对于市场部的训练，增加组织内部具有品牌相关知识的人，让大多数人都认同多品牌管理理念。只有这样，多品牌的尝试才可能成功。

品牌管理人才储备、细分市场的调研以及多品牌管理相关训练，这是进行多品牌管理的三个核心条件，缺一不可，只有把这三个核心条件准备好了，企业才能真正踏上多品牌管理之路。

第八章

市场部建设过程中的常见问题

本章节将列出企业建设市场部过程中的常见问题，并对这些问题进行深入分析，旨在为企业提供切实可行的解决方案。

问题一：
关于市场部的具体工作

问题一：30 人左右的小公司需要组建市场部吗？若需要，这个市场部的人刚开始应该做什么具体工作呢？

针对 30 人左右的小公司建立市场部门的问题，需要明确初期市场部的具体工作。无论公司规模大小，市场部的综合思考都是必不可少的。对于这样规模的公司，市场部的人员可以较少，通常由 2 人到 6 人组成。

市场部的主要职责应集中在产品管理上，包括现有产品和业务的升级与迭代。具体工作可以包括：

需求研究

通过对客户的观察和调研，市场部能够识别客户的关键痛点，发现客户的需求所在。

在这一过程中，通过定性调研方法，市场部可以了解客户的行为和心理动机，挖掘深层次的需求，生成三级需求库。同时，市场部要利用定量调研手段，量化客户需求，识别市场机会和潜在的产品方向。

产品规划

通过市场细分与评估，市场部要制定出产品匹配策略和上市方案。

在这一过程中，市场部要根据客户特征和购买行为，将市场划分为若干细分市场，明确目标客户群。在此基础上，基于细分市场的需求，确定产品的市场定位和独特卖点，确保产品具有竞争优势。接着，制定产品策略，确保产品能够成功推向市场。最后，编制详细的产品上市时间表和行动计划，协调研发、生产、销售等各部门的工作，确保新产品按计划上市。

新产品上市

通过规范的新产品上市流程，市场部要确保产品在市场上得到认可。

在这一过程中，市场部要识别与定义好目标市场，而后要根据客户的认知需要，收集客户的需求，以及对客户进行访谈。

产品生命周期管理

通过科学的生命周期管理，市场部可以优化产品结构，确保产品线的健康和可持续发展。

在这一过程中，市场部要应用产品生命周期模型，分析产品在概念期、导入期、成长期、成熟期和衰退期的表现，制定相应的策略。同时还要利用 MSU 模型，评估产品的市场份额和盈利能力，优化产品组合。定期评估产品表现，及时淘汰不再符合市场需求的产品，确保资源集中于高潜力产品。

对于小型公司而言，聚焦于产品管理，提升产品质量和客户满意度，是市场部初期最重要的任务。随着公司的发展，市场部可以逐步扩展其职能和团队规模。

问题二：
关于市场部具体工作的展开

问题二：市场部非常重要，也在企业内开始了市场部的初创，但是具体怎么开展业务，比如如何做市场调查？

在公司初创阶段，市场部的工作如何开展，之前已经提到过。为了让市场部人员快速上手，建议他们集中精力于产品管理。因为产品是具体可见的，这样更容易入手。

了解公司现有的产品和服务至关重要。如果需要进行调研，可以从现有客户入手，评估他们对产品的满意度。这可以通过电话或其他方式进行，了解客户的满意和不满意之处。根据这些反馈，可以对现有产品进行升级和优化。

市场部人员初期的工作重心应放在调研和产品管理上。这不仅帮助他们迅速熟悉产品，还能为将来的品牌策略奠定基础。建议初期的工作范围不宜过大，专注于优化产品，深入了解客户需求。

关于人员选拔，应该选择那些热爱思考和创新的人。他们在产品管理中需要具备强烈的创新意识，愿意研究客户需求，并能够与研发团队有效沟通。因此，市场部的成员应具备一定的事业心，愿意深入理解和实现产品价值。

总之，市场人员需要具备主动性，积极主动地了解客户需求，思考解决方案。这是成功的关键。

问题三：
关于市场部的转型问题

问题三：公司市场部目前基本上只是做推广工作，想要转型的话，怎样开始?

许多企业的市场部在初期常常走入误区，认为其主要职责是推广。然而，如果市场部一开始就专注于这些工作，往往难以取得成功。

因此，转型的关键在于建立产品小组，让团队从产品管理入手。具体可以详读本书第三章，通过对现有产品线进行升级、研究客户需求、开发新产品，市场部能够更深入地了解客户和产品。这种具体的管理过程有助于市场部更好地定位推广策略，提高市场营销的效果。

如果没有扎实的产品管理经验，直接进行品牌推广会面临困难。因此，市场部应从产品管理开始，确保真正发挥其了解客户的优势。

问题四：
关于必要的营销工作

问题四：公司市场部的工作目前由销售人员兼任，基于此，最基本的、必要的市场营销工作有哪几项？怎么做呢？

目前，市场部的工作由销售人员兼任，但从根本上看，这并不是真正的市场部运作。市场部需要全职专注于其职能。可以将市场部比作谋士，而销售部则是战将。"刘备选择张飞担任军师"，这种角色的重叠实际上导致了策略的缺失。

因此，市场部人员应专职从事市场工作。在成立初期，建议不要急于进行市场推广，要首先聚焦于产品管理。这意味着需要对产品和客户有充分的了解，为后续的品牌推广打下坚实基础。

如果市场部在初期就全力投入品牌推广，可能会导致工作内容虚浮，难以产生实际效果。很多企业在早期设立市场部时，往往让新团队立即负责宣传推广，但这种安排容易造成与销售工作的重叠，反而降低了市场部的价值。

在以企业对企业（B to B）为主的市场中，销售人员通常承担了一部分推广宣传的工作。如果市场人员一开始就负责推广，可能会与销售形成竞争，而不是协同合作。相对而言，如果市场人员能够专注于产品管理，如产品升级、定价和产品手册的制定，将更有助于创造价值。

因此，建议公司首先设立专职市场部，专注于产品管理。在此基础上，销售部可以继续主导推广工作。待市场部对产品管理熟悉后，再逐步接手品牌宣传和推广工作。这种安排将更有效地促进公司的整体发展。

问题五：
关于市场部专业能力的提升

问题五：目前公司里面市场部专业能力和经验技巧不够怎么办？

先要对市场部现有人员的能力进行梳理，具体来说，明确需要哪些技能，例如抖音管理、推广管理和产品开发等。

前文列出的技能列表，可以参考。首先，进行市场人员的技能分析，找出最重要且目前使用频率最高的技能。接着，检查这些技能是否有相应的工作流程。如果没有流程，就需要开始建立流程。

如果不清楚如何构建流程，可以考虑让相关人员到夸克学习相关知识。例如，若对新产品的上市流程不熟悉，可以参加相关培训。流程建设需要借鉴外部的经验，了解指导思想和基本步骤。

完成学习后，回来就要将这些知识转化为实际流程，将其与相关技能结合。市场部提升专业能力和经验技巧的基本方法可以总结为以下几个步骤：

一是梳理核心技能；

二是建立对应流程；

三是学习专业流程管理课程。

这种方法简单而直接，避免了随意培训的低效。在明确工作流程后，才能有针对性地进行学习与流程建设，从而有效提升专业能力。

问题六:
关于对市场部进行考核

问题六：市场部很多工作无法量化，不像销售部有明确产出，所以应该如何考核市场部负责人呢?

市场部的工作常常难以量化，与销售部明确的产出不同。然而，市场部负责人的考核其实相对简单。成立市场部后，负责人对公司的结果负有重要责任，几乎与总经理的角色相当。他们的考核应与销售收入、利润率、人均利润和品牌资产等核心指标挂钩，因此市场部负责人通常采用年薪制，明确对结果负责。

对于市场部的其他人员，考核可以与具体项目挂钩，采用项目积分制。这种方式能有效反映他们的贡献。总体而言，市场部的量化考核并不复杂，关键在于将负责人与结果关联，将团队成员与项目关联，从而建立全面的考核体系。

附　录

品牌日常管理手册简要模板

第一章　总　则

第一条　本制度适用于×××公司所有部门。

第二条　在公司范围内，从事品牌定位、品牌规划、品牌年度营销计划、日常品牌管理等任何与品牌管理相关的工作，应当遵守本制度。

第三条　公司全体员工必须遵守品牌管理制度和相应管理流程及标准。相关负责人应根据本制度的规定，行使各自职权。

第四条　本制度遵照国家相关法律条例规定，如有冲突，以国家相关法律为准。

第五条　在品牌管理过程中，如遇到本制度条款未涉及的，由品牌管理决策机构议决。

第六条　本制度中涉及的专业名词，统一解释如下；

【品牌管理】本制度中所提及的品牌管理，是指基于品牌量化管理思想，提升品牌资产的行为，包括品牌定位、品牌规划、品牌管理制度、流程、标准，品牌年度营销计划及品牌的日常管理工作。

【品牌战略管理】本制度中所提到的品牌战略管理，是指各品牌的品牌定位、品牌规划、品牌管理制度、流程及标准。

【总经理】　是公司管理最高决策者，在品牌管理中起到人力、财务、行政权力的支持。

【市场部总监】是品牌管理中的管理协调者，协调各品牌之间的人力、财务、行政资源调配和平衡。

【品牌授权】授权者将自己所拥有或代理的商标或品牌等以合同的形式授予被授权者使用。

……

第二章　职权分配

第七条　总经理在品牌管理工作中行使下列职权：

1. 总经理行使下列权力：……

2. 总经理承担下列责任：……

第八条　市场部总监在品牌管理工作中行使下列职权：

1. 市场部总监行使下列权力：……

2. 市场部总监承担下列责任：……

第九条　公司其他部门在品牌管理工作中承担下列责任：

……

第十条　公司设品牌管理委员会。品牌管理委员会是品牌管理中的专业技术的最高决策机构，负责提供品牌管理工作中的专业指导和决议。品牌管理委员会成员由总经理任命。品牌委员会需由五名以上奇数的品牌管理专家组成。成员任期一年，任期届满，经总经理任命后可以连任。品牌管理委员会决议，需半数以上通过。

品牌管理委员会在品牌管理工作中行使下列职权：

1. ……

2. ……

第十一条　公司设品牌经理。品牌经理是单个品牌的直接责任人，负责品牌的整体运作，维护和提高所管辖品牌的品牌资产。品牌经理由市场总监任命，任期一年，任期届满，经市场总监任命后可以连任。品牌经理在品牌管理工作中行使下列职权：

1. ……

2. ……

第十二条　公司设产品经理。产品经理是品牌下某一产品的直接责任人，负责该产品的整体运作。产品经理任期一年，任期届满，经品牌经理任命后可以连任。

产品经理在品牌管理工作中行使下列职权：

1.……

2.……

第三章 品牌管理

第十三条 公司在必要的时候制定品牌战略管理文案，包括：品牌定位、品牌规划、品牌管理制度、品牌管理流程、品牌管理标准。品牌战略管理文案制定工作由品牌经理发起，由品牌管理委员会最终确认。品牌管理委员会及各品牌经理，应根据本制度的规定，行使各自职权。

第十四条 品牌战略管理制定成果必须由品牌管理委员会及品牌经理签字确认后，以书面的形式正式颁布。

第十五条 品牌战略管理文案的制定，必须严格按照《品牌战略管理文案制定流程》进行。

第十六条 公司在必要的时候修订品牌战略管理文案。品牌战略管理文案修订工作由品牌经理发起，由品牌管理委员会最终确认。

第十七条 修订品牌战略管理文案，需至少满足以下条件其中一项：……

第十八条 品牌战略管理修订成果必须由品牌管理委员会及品牌经理签字确认后，以书面的形式正式颁布。

第十九条 品牌战略管理文案的修订，必须严格按照《品牌战略管理文案修订流程》进行。

第二十条 公司在进行以下工作时（品牌战术管理的关键点），必须依照品牌战略管理文案成果。

第二十一条 品牌管理委员会和品牌经理必须对品牌战术管理与品牌战略管理的一致性进行监督。包括：

1.……

2.……

第二十二条 公司在财年开始前，由各品牌经理制订品牌年度营销计划，品牌年度营销计划制订成果必须由总经理、市场总监和品牌经理签字确认后，以书面的形式正式颁布。

第二十三条　品牌年度营销计划的制订，必须严格按照《品牌年度营销计划制订流程》进行。

第二十四条　公司在必要的时候调整品牌年度营销计划。品牌年度营销计划调整工作由品牌经理发起，由总经理最终确认。

第二十五条　调整品牌年度营销计划，需至少满足以下条件其中一项：……

第二十六条　品牌年度营销计划的调整，必须严格按照《品牌战略管理文案修订流程》进行。

第四章

……

附　则

后 记

以"可变基因"应对变化

市场总是在不断变化的，唯一不变的是变化本身。一些企业能够一时取得领先，但当它们适应不了变化时，就会被市场狠狠地惩罚。能够基业长青的，是那些进化出像"变色龙"一样拥有"可变基因"的企业，面对瞬息万变的市场，它们往往能够应对自如。

2009 年，阿里巴巴推出"双 11"购物狂欢节，此后十年里，在线电商平台始终处于高增长的状态。消费品企业不搞电商，就等于没有做市场。然而最近几年，随着抖音、快手等直播平台的崛起，曾经风头无两的传统电商平台开始逐渐出现增长乏力的情况，那些曾经花大力气配合电商进行营销的企业，又开始纷纷转头向直播带货领域倾注资源。

短短十几年间，市场就发生了翻天覆地的变化。企业是不可能逆潮流而动的，只能拥抱变化。拥抱变化的方式有两种：一种是被动的，等待变化并调整企业形态（包括内部结构、管理模式等）；一种是主动的，即让企业拥有应对各种变化的能力。

被动并不意味着是错的，它是应对变化的无奈之举，也是顺应潮流的正确之举。但被动终归没有主动来得更积极、更有把握。主动应对变化的关键在于抓住变化的本质。

市场变化的本质——竞争

市场变化的发端多种多样，有时是科技的进步，有时是用户要求的变化，但这些都脱不开一个关键要素，不满于当前市场状况的企业对于市场的竞争。一家企业对应一个客户的简单商业模型，可能永远也不会有变化出现，但如果有竞争者想要参与进来，变化也就出现了。

如果不是亨利·福特想要进入汽车市场分一杯羹，卡尔·本茨公司永远也不会学着制造 T 型汽车；如果不是后来者想要抢夺福特的市场份额，T 型车一定会延续至今。竞争，就是市场变化的本质，只要有竞争，就一定会催生市场的变化，变化是潜移默化的，是每天都发生的，当潜移默化的变化积累到一定程度，翻天覆地的市场变革就出现了。

企业的“可变基因”——市场部

传统的商业世界，变革不是经常发生的；由工业化开启的现代商业世界，变革则总会不期而至。在现代商业不断扩大的市场、不断出现的变革，以及市场对企业营销活动越来越高的要求下，市场部应运而生了。在现代营销体系中，市场部起到的是灵魂般的作用，它为企业提供发展的动力，牵引企业所有部门向市场需求的方向迈进。市场部独特的作用，是由它的三个职能——产品管理、策略管理和品牌管理共同来构建的。而这三个职能的具备和完善，也决定了市场部在面对任何变化时，始终能够应对自如，能够将企业各部门迅速组织起来应对新的市场形势，为企业资源的配置找到最有效率的新方式。

市场部的建设，可以说让企业具备了“可变基因”，这种“基因”也让企业始终处于变化的状态，让企业跟随市场一起进步，在市场突发变化时抢先一步跟上去。

建设市场部的关键点

人才是建设市场部的重中之重，组织内的具体工作需要人来完成，因此建设市场部先要找到符合市场部要求的人才。人才可以来自外部招聘，但更多来自内部培养，当培养出市场部需要的人才之后，还要对人才进行管理，制定科学的人才管理方案，以便实现组织内的人尽其才。

多品牌管理模式

多品牌管理是市场部的“终极形态”，对于专业市场部而言，多品牌不是单一品牌的简单叠加，多品牌管理要求市场部能力必须有指数级的提升。当市场部能够同时管理多个品牌时，企业应对复杂市场变化的能力将得到进一步的提升，企业已经发展成为在某一行业内有举足轻重地位的大公司了。

市场部的组成和运行特点是我从事管理咨询工作以来重要的研究对象,早在十年之前,我就曾提及过市场部在未来企业管理中地位的提升,而这十年中国企业的发展也印证了这件事情。最近三年,我对自己的市场部管理理论进行了更新,根据对当下企业和市场的研究,更新了一些知识,让理论体系更加完整了。经过过去一年多的知识整理、书籍撰写和反复修改,我终于完成了这本书。

能力的产生和知识的吸收是相辅相成的,企业管理者要做的永远是学习新的知识。我希望我对市场部的认识,能够帮助企业顺应时代,建立起属于这个时代的市场部团队。书籍中的内容,总是要在掌握之后,再拿到实践中去验证的。如果读完这本书之后,能够对您有一点点启发,能够对您的企业有一点点的实际作用,那将是作为作者最开心的事情。